读客文化

小李飞刀 4

天涯·明月·刀（一）

古 龙 著

文匯出版社

写在《天涯·明月·刀》之前

01

在很多人心目中,武侠小说非但不是文学,甚至也不能算是小说。对一个写武侠小说的人来说,这实在是件很悲哀的事。幸好还有一点事实是任何人都不能否认的——一样东西如果能存在,就一定有它存在的价值。

武侠小说不但存在,而且已存在了很久!

关于武侠小说的源起,有很多种不同的说法:"从太史公的《游侠列传》开始,中国就有了武侠小说。"这当然是其中最堂皇的一种,可惜接受这种说法的人并不多。

因为武侠小说是传奇的,如果一定要将它和太史公那种严肃的传记文学相提并论,就未免有点自欺欺人。

在唐人的小说笔记中,才有些故事和武侠小说比较接近。

《唐人说荟》卷五,张鷟的《耳目记》中,就有段故事是非常"武侠"的。

隋末，深州诸葛昂，性豪侠，渤海高瓒闻而造之，为设鸡肫而已，瓒小其用。明日大设，屈昂数十人，烹猪羊等长八尺，薄饼阔丈余，裹馅粗如庭柱，盘作酒碗行巡，自作金刚舞以送之。

昂至后日屈瓒，屈客数百人，大设，车行酒，马行炙，挫碓斩脍，砲辗蒜齑，唱夜叉歌，狮子舞。

瓒明日设，烹一双子十余岁，呈其头颅手足，座客皆攫喉而吐之。

昂后日报设，先令美妾行酒，妾无故笑，昂叱下。须臾蒸此妾坐银盘，仍饰以脂粉，衣以绫罗，遂擘腿肉以啖，瓒诸人皆掩目。昂于奶房间撮肥肉食之，尽饱而止。

瓒羞之，夜遁而去。

这段故事描写诸葛昂和高瓒的豪野残酷，已令人不可思议。这种描写的手法，也已经很接近现代武侠小说中比较残酷的描写。

但这故事却是片段的，它的形式和小说还是有段很大的距离。

当时民间的小说、传奇、评话、银字儿中，也有很多故事是非常"武侠"的，譬如说，盗盒的红线、昆仑奴、妙手空空儿、虬髯客，这些人物就几乎已是现代武侠小说中人物的典型。

武侠小说中最主要的武器是剑,关于剑术的描写,从唐时就已比现代武侠小说中描写得更神奇。

红线、大李将军、公孙大娘……这些人的剑术,都已被渲染得接近神话,杜甫的《观公孙大娘弟子舞剑器行》,其中对公孙大娘和她弟子李十二娘剑术的描写,当然更生动而传神!

号称"草圣"的唐代大书法家也曾自言:"始吾闻公主与担夫争路,而得笔法之意,后见公孙氏舞剑器,而得其神。"

"剑器"虽然不是剑,但其中的精髓却无疑是和剑术一脉相通的。由此可见,武侠小说中关于剑术和武功的描写,并非全无根据。

这些古老的传说和记载,点点滴滴,都是武侠小说的起源,再经过民间评话、弹词和说书的改变,才渐渐演变成现在的这种形式。

02

《彭公案》《施公案》《七侠五义》《小五义》,就是根据"说书"而写成的,已可算是我们这一代所能接触到的最早的一种武侠小说。

可是这种小说中的英雄,大都不是可以令人热血沸腾的真正英雄，因为在清末那种社会环境里，根本就不鼓励人们做英雄，老成持重的君子，才是一般人认为应该受到表扬的。

这至少证明了武侠小说的一点价值——从一本武侠小说中，也可以看到作者当时的时代背景。

现代的武侠小说呢？

03

现代的武侠小说，若由平江不肖生的《江湖奇侠传》开始算起，大致可以分成三个时代。

写《蜀山剑侠传》的还珠楼主，是第一个时代的领袖。写《七杀碑》的朱贞木、写《铁骑银瓶》的王度庐可以算是第二个时代的代表。

到了金庸写《射雕》，将武侠小说带进了另一个局面。

这个时代，无疑是武侠小说最盛行的时代，写武侠小说的人，最多时曾经有三百个。

就因为武侠小说已经写得太多，读者们也看得太多，所以有很多读者看了一部书的前两本，就已经可以预测到结局。

最妙的是，越是奇诡的故事，读者越能猜到结局。

因为同样"奇诡"的故事已被写过无数次了。易容、毒药、诈死,最善良的女人就是"女魔头"——这些圈套都已很难令读者上钩。

所以情节的诡奇变化,已不能再算是武侠小说中最大的吸引力。

但人性中的冲突却是永远有吸引力的。

武侠小说中已不该再写神、写魔头,已应该开始写人,活生生的人,有血有肉的人!

武侠小说中的主角应该有人的优点,也应该有人的缺点,更应该有人的感情。

写《包法利夫人》的大文豪福楼拜尔曾经夸下句海口,他说:"十九世纪后将再无小说。"

因为他认为所有的故事情节、所有的情感变化,都已被十九世纪的那些伟大的作家写尽了。

可是他错了。

他忽略了一点!

纵然是同样的故事情节,你若从不同的角度去看,写出来的小说就是完全不同的。

人类的观念和看法,本就在永不停地改变!随着时代改变!

武侠小说写的虽然是古代的事,也未尝不可注入作者自己新的观念。

因为小说本就是虚构的!

写小说不是写历史传记。写小说最大的目的,就是要吸引读者,感动读者。

武侠小说的情节若已无法改变,为什么不能改变一下,写人类的情感、人性的冲突,由情感的冲突中,制造高潮和动作。

应该怎样来写动作,的确也是武侠小说的一大难题。

我总认为"动作"并不一定就是"打"!

小说中的动作和电影画面的动作,可以给人一种生猛的刺激,但小说中描写的动作就是没有电影画面中这种鲜明的刺激力量了。

小说中动作的描写,应该是简单的,短而有力的,虎虎有生气的,不落俗套的。

小说中动作的描写,应该先制造冲突,情感的冲突、事件的冲突,尽力将各种冲突堆构成一个高潮。

然后你再制造气氛,紧张的气氛,肃杀的气氛。

用气氛来烘托动作的刺激。

武侠小说毕竟不是国术指导。

武侠小说也不是教你如何去打人杀人的!

血和暴力,虽然永远有它的吸引力,但是太多的血和暴力,就会令人反胃了。

04

最近我的胃很不好,心情也不佳,所以除了维持《七种武器》和《陆小凤》两个连续性的故事外,已很久没有开新稿。

近月在报刊上连载的《历劫江湖》和《金剑残骨令》,都是我十五年前的旧书。我并不反对把"旧书新登",因为温故而知新,至少可以让读者看到一个作家写作路线的改变。

《天涯·明月·刀》是我最新的一篇稿子。我自己也不知道它是不是能给读者一点"新"的感受,我只知道我是在尽力朝这个方向走!

每在写一篇新稿之前,我总喜欢写一点自己对武狭小说的看法和感想,零零碎碎已写了很多。抛砖引玉,我希望读者们也能写一点自己的感想,让武侠小说能再往前走一步。

走一大步。

古龙
一九七四年四月十七日、夜、夜深

目 录

001 / 第一章 楔子

003 / 第二章 人在天涯

010 / 第三章 天涯蔷薇

025 / 第四章 高楼明月

050 / 第五章 黑手的拇指

074 / 第六章 孔 雀

095 / 第七章 决斗之前

114 / 第八章 决斗

134 / 第九章 孔雀山庄

163 / 第十章 一刀赌命

184 /	第十一章	**变化**
205 /	第十二章	**明月何处有**
223 /	第十三章	**生死之间**
242 /	第十四章	**天王斩鬼刀**
259 /	第十五章	**先付后杀**
286 /	第十六章	**天龙古刹**
303 /	第十七章	**丧钟**

第一章

楔子

"天涯远不远?"

"不远!"

"人就在天涯,天涯怎么会远?"

"明月是什么颜色的?"

"是蓝的,就像海一样蓝,一样深,一样忧郁。"

"明月在哪里?"

"就在他心里,他的心就是明月。"

"刀呢?"

"刀就在他手里!"

"那是柄什么样的刀?"

"他的刀如天涯般辽阔寂寞,如明月般皎洁忧郁,有时一刀挥出,又仿佛是空的!"

"空的?"

"空空蒙蒙,缥缈虚幻,仿佛根本不存在,又仿佛到处都在。"

"可是他的刀看来并不快。"

"是的。"

"不快的刀,怎么能无敌于天下?"

"因为他的刀已超越了速度的极限!"

"他的人呢?"

"人犹未归,人已断肠。"

"何处是归程?"

"归程就在他眼前。"

"他看不见?"

"他没有去看。"

"所以他找不到?"

"现在虽然找不到,迟早总有一天会找到的!"

"一定会找到?"

"一定!"

第二章

人在天涯

01

夕阳西下。

傅红雪在夕阳下。夕阳下只有他一个人,天地间仿佛已只剩下他一个人。

万里荒寒,连夕阳都似已因寂寞而变了颜色,变成一个空虚而苍凉的灰白色。

他的人也一样。

他的手里紧紧地握着一把刀:苍白的手,漆黑的刀!

苍白与漆黑,岂非都正是最接近死亡的颜色!死亡岂非就正是空虚和寂寞的极限。

他那双空虚而寂寞的眼睛里,就仿佛真的已看见了死亡!

难道死亡就在他眼前?

他在往前走。他走得很慢,可是并没有停下来,纵然死亡就在前面等着他,他也绝不会停下来。

他走路的姿态怪异而奇特,左脚先往前迈出一步,右脚再慢慢地跟上去,看来每一步都走得很艰苦。可是他已走过数不尽的路途,算不完的里程,每一步路都是他自己走出来的。

这么走,要走到何时为止?

他不知道,甚至连想都没有去想过!

现在他已走到这里,前面呢?前面真的是死亡?

当然是!他眼中已有死亡,他手里握着的也是死亡,他的刀象征着的就是死亡!

漆黑的刀,刀柄漆黑,刀鞘漆黑。

这柄刀象征着的虽然是死亡,却是他的生命!

天色更暗,可是远远看过去,已可看见一点淡淡的市镇轮廓。

他知道那里就是这边陲荒原中唯一比较繁荣的市镇"凤凰集"。

他当然知道,因为"凤凰集"就是他所寻找的死亡所在地。

但他却不知道,凤凰集本身也已死亡!

02

街道虽不长,也不宽,却也有几十户店铺人家。

世界上有无数个这么样的小镇,每一个都是这样子,简陋的店铺,廉价的货物,善良的人家,朴实的人。唯一不同的是,这凤凰集虽然还有这样的店铺人家,却已没有人。

一个人都没有。

街道两旁的门窗,有的关着,却都已残破败坏,屋里屋外,都积着厚厚的灰尘,屋角檐下,已结起蛛网。一只黑猫被脚步声惊起,却已失去了它原有的机敏和灵活,喘息着,蹒跚爬过长街,看来几乎已不像是一只猫。

饥饿岂非本就可改变一切?

难道它就是这小镇上唯一还活着的生命?

傅红雪的心冰冷,手也冰冷,甚至比他手里握着的刀锋更冷!

他就站在这条街道上,这一切都是他自己亲眼看见的,但他却还是不能相信,不敢相信,也不忍相信!

——这地方究竟发生了什么灾祸?

——这灾祸是怎么发生的?

有风吹过,街旁一块木板招牌被风吹得"吱吱"地响,隐约还可以分辨出上面写着的八个字是:"陈家老店,陈年老酒"!

这本是镇上很体面的一块招牌,现在也已残破干裂,就像是老人的牙齿一样。

可是这陈家老店本身的情况,却还比这块招牌更糟得多。

傅红雪静静地站着,看着招牌在风中摇曳,等风停下来的时候,他就慢慢地走过去,推开了门,走进了这酒店，就像是走入了一座已被盗墓贼挖空了的坟墓。

他以前到这里来过！

这地方的酒虽然也不太老，也不太好，却绝不像醋，这地方当然更不会像坟墓。

就在一年前——整整一年前，这酒店还是个很热闹的地方，南来北往的旅客，经过凤凰集时，总会被外面的招牌吸引，进来喝几杯老酒！

老酒下了肚，话就多了，酒店当然就会变得热闹起来，热闹的地方，总是有人喜欢去的。

所以这并不算太狭窄的酒店里，通常都是高朋满座，那位本来就很和气的陈掌柜，当然也通常都是笑容满面的。

可是现在，笑容满面的陈掌柜已不见了，干净的桌上已堆满灰尘，地上到处都是破碎的酒罐，扑鼻的酒香已被一种令人作呕的腐臭味代替。

堂前的笑闹喧哗，猜拳赌酒声，堂后的刀勺铲动，油锅爆响声，现在都已听不见，只有风吹破窗，"哐啷哐啷"地响，听来又偏偏像是地狱中的蝙蝠在振动双翅。

天色已将近黑暗。

傅红雪慢慢地走过去，走到角落里，背对着墙，面对着门，慢慢地坐下来。

一年前他来的时候，就是坐在这地方。可是现在这地方已如坟墓，已完全没有一点可以令人留恋之意。

他为什么还要坐下来？他是在怀念往事？还是在

等待?

若是在怀念,一年前这地方究竟发生过什么足以让他怀念的事?

若是在等待,他等待的究竟是什么?

是死亡?真的是死亡?

03

夜色终于已笼罩大地。

没有灯,没有烛,没有火,只有黑暗。

他憎恶黑暗,只可惜黑暗也正如死亡,都是绝对无可避免的!

现在黑暗又来临,死亡呢?

他动也不动地坐在那里,手里还是紧紧地握着他的刀,也许你还能看见他苍白的手,却已看不见他的刀;他的刀已与黑暗融为一体。

难道他的刀也像是黑暗的本身一样?难道他的刀挥出时,也是无法避免的?

死一般的黑暗静寂中,远处忽然随风传来了一阵悠扬的弦乐声。

此时此刻,此情此景,这乐声听来,就像是从天上传下来的仙乐。

可是他听见这乐声时,那双空虚的眼睛里,却忽然现出种奇异的表情——无论那是种什么样的表情，都绝不是欢愉的表情。

乐声渐近，随着乐声同时而来的，居然还有一阵阵马车声。

除了他之外，难道还会有别人特地赶到这荒凉的死镇上来？

他的眼睛已渐渐恢复冷漠，可是他握刀的手，却握得更紧。

难道他知道来的是什么人？

难道他等的就是这个人？

难道这个人就是死亡的化身？

仙乐是种什么样的乐声？没有人听过！

可是假如有一种令人听起来觉得可以让自己心灵融化，甚至可以让自己整个人融化的乐声，他们就会认为这种乐声是仙乐。

傅红雪并没有融化。

他还是静静地坐在那里，静静地听着，忽然间，八个腰系彩绸的黑衣大汉快步而入，每个人手里都捧着个竹篓，竹篓里装着各式各样奇怪的东西，甚至其中还包括了抹布和扫帚。

他们连看都没有去看傅红雪一眼，一冲进来，就立刻开始清洁整理这酒店。

他们的动作不但迅速，而且极有效率。

就像是奇迹一样，这凌乱破旧的酒店，顷刻间就已变得焕然一新。

除了傅红雪坐着的那个角落外,每个地方都已被打扫得一尘不染,墙上贴起了壁纸,门上挂起了珠帘,桌上铺起了桌布,甚至连地上都铺起了红毯。

等他们八个人退出去肃立在门畔时,又有四个彩衣少女,手提着竹篮走进来,在桌上摆满了鲜花和酒肴,再将金杯斟满。

然后就是一行歌妓手挥五弦,漫步而来。

这时乐声中突又响起一声更鼓,已是初更,从窗户远远看出去,就可以看见一个白衣人手提着更鼓,幽灵般站在黑暗里。

更夫又是哪里来的?

他是不是随时都在提醒别人死亡的时刻?

他在提醒谁?

更鼓响过,歌声又起:

> 天涯路,未归人,
> 人在天涯断魂处,未到天涯已断魂……

歌声未歇,燕南飞已走进来,他走进来的时候,就似已醉了。

第三章

天涯蔷薇

01

花未凋,

月未缺,

明月照何处?

天涯有蔷薇。

燕南飞是不是真的醉了?

他已坐下来,坐在鲜花旁,坐在美女间,坐在金杯前。

琥珀色的酒,鲜艳的蔷薇。

蔷薇在他手里,花香醉人,酒更醉人。

他已醉倒在美人膝畔,琥珀樽前。

美人也醉人,黄莺般的笑声,嫣红的笑脸。

他的人还少年。

少年英俊,少年多金,香花美酒,美人如玉,这是多么欢乐的时刻,多么欢乐的人生?

可是他为什么偏偏要到这死镇上来享受?

难道他是为了傅红雪来的?

他也没有看过傅红雪一眼,就仿佛根本没有感觉到这地方还有傅红雪这么样一个人存在。

傅红雪仿佛也没有感觉到他们的存在。

他的面前没有鲜花,没有美人,也没有酒,却仿佛有一道看不见的高墙,将他的人隔绝在他们的欢乐外。

他久已被隔绝在欢乐外。

更鼓再响,已是二更!

他们的酒意更浓,欢乐也更浓,似已完全忘记了人世间的悲伤、烦恼和痛苦。

杯中仍然有酒,蔷薇仍然在手,有美人拉着他的手问:"你为什么喜欢蔷薇?"

"因为蔷薇有刺。"

"你喜欢刺?"

"我喜欢刺人,刺人的手,刺人的心。"

美人的手被刺疼了,心也被刺痛了,皱着眉,摇着头:"这理由不好,我不喜欢听。"

"你喜欢听什么?"燕南飞在笑,"要不要我说一个故事给你听。"

"当然要。"

"据说在很久很久以前,第一朵蔷薇在很远很远的地方开放的时候,有一只美丽的夜莺,因为爱它,竟不惜从花枝上投池而死。"

"这故事真美!"美人眼眶红了,"可惜太悲伤了些。"

"你错了。"燕南飞笑得更愉快,"死,并不是件悲伤的事,只要死得光荣,死得美,死又何妨?"

美人看着他手里的蔷薇,蔷薇仿佛也在笑。

她痴痴地看着,看了很久,忽然轻轻地说:

"今天早上,我也想采几枝蔷薇给你。

"我费了很多时候,才拴在我的衣带里。

"衣带却已松了,连花都系不起!

"花落花散,飘向风中,落入水里。

"江水东流,那些蔷薇也随水而去,一去永不复返。

"江水的浪花,变成了鲜红的,我的衣袖里,却只剩下余香一片。"

她的言词优美,宛如歌曲。

她举起她的衣袖:"你闻一闻,我一定要你闻一闻,作为我们最后的一点纪念。"

燕南飞看着她的衣袖,轻轻地拉起她的手。

就在这时,更鼓又响起!

是三更!

02

天涯路,

未归人,

夜三更,

人断魂。

燕南飞忽然甩脱她的手。

乐声急然停顿。

燕南飞忽然挥手,道:"走!"

这个字就像是句魔咒,窗外那幽灵般的白衣更夫刚敲过三更,这个字一说出来,刚才还充满欢乐的地方,立刻变得只剩下两个人。

连那被蔷薇刺伤的美人都走了,她的手被刺伤,心上的伤却更深。

车马远去,大地又变为一片死寂。

屋子里只剩下一盏灯,暗淡的灯光,照着燕南飞发亮的眼睛。

他忽然抬起头,用这双发亮的眼睛,笔直地瞪着傅红雪。

他的人纵然已醉了,他的眼睛却没有醉。

傅红雪还是静静地坐在那里,不闻,不见,不动。

燕南飞却已站起来。

他站起来的时候,才能看见他腰上的剑,剑柄鲜红,剑鞘也是鲜红的!

比蔷薇更红,比血还红。

刚才还充满欢乐的屋子里,忽然间变得充满杀气。

他开始往前走,走向傅红雪。

他的人纵然已醉了,他的剑却没有醉。

他的剑已在手。

苍白的手，鲜红的剑。

傅红雪的刀也在手——他的刀从来也没有离过手。
漆黑的刀，苍白的手！
黑如死亡的刀，红如鲜血的剑，刀与剑之间的距离，已渐渐近了。
他们人与人之间的距离，也渐渐近了。
杀气更浓。
燕南飞终于走到傅红雪面前，突然拔剑，剑光如阳光般辉煌灿烂，却又美丽如阳光下的蔷薇。
剑气就在傅红雪的眉睫间。
傅红雪还是不闻，不见，不动！
剑光划过，一丈外的珠帘纷纷断落，如美人的珠泪般落下。
然后剑光就忽然不见了。
剑还在，在燕南飞手里，他双手捧着这柄剑，捧到傅红雪面前。
这是柄天下无双的利剑！
他用的是天下无双的剑法！
现在他为什么要将这柄剑送给傅红雪？
他远来，狂欢，狂醉。
他拔剑，挥剑，送剑。
这究竟为的是什么？

03

苍白的手，出鞘的剑在灯下看来也仿佛是苍白的！

傅红雪的脸色更苍白。

他终于慢慢地抬起头，凝视着燕南飞手里的这柄剑。

他的脸上全无表情，瞳孔却在收缩。

燕南飞也在凝视着他，发亮的眼睛里，带着一种很奇怪的表情，也不知那是种已接近解脱时的欢愉？还是无可奈何的悲伤？

傅红雪再抬头，凝视着他的眼睛，就仿佛直到此刻才看见他。

两个人的目光接触，仿佛触起了一连串看不见的火花。

傅红雪忽然道："你来了。"

燕南飞道："我来了。"

傅红雪道："我知道你会来的！"

燕南飞道："我当然会来，你当然知道，否则一年前你又怎会让我走？"

傅红雪目光重落，再次凝视着他手里的剑，过了很久，才缓缓道："现在一年已过去。"

燕南飞道："整整一年。"

傅红雪轻轻叹息，道："好长的一年。"

燕南飞也在叹息，道："好短的一年。"

一年的时光，究竟是长是短？

燕南飞忽然笑了笑，笑容中带着种尖针般的讥诮，道："你觉得这一年太长，只因为你一直在等，要等着今天。"

傅红雪道："你呢？"

燕南飞道："我没有等！"

他又笑了笑，淡淡地接道："虽然我明知今日必死，但我却不是那种等死的人。"

傅红雪道："就因为你有很多事要做，所以才会觉得这一年太短？"

燕南飞道："实在太短。"

傅红雪道："现在你的事是否已做完？你的心愿是否已了？"

剑光漫天，剑如闪电。

刀却仿佛很慢。

可是剑光还没到，刀已破入了剑光，逼住了剑光。

然后刀已在咽喉。

傅红雪的刀，燕南飞的咽喉！

现在刀在手里，手在桌上。

燕南飞凝视着这柄漆黑的刀，过了很久，才缓缓道："一年前，我败在你的刀下！"

傅红雪淡淡道："也许你本不该败的，只可惜你的人太年轻，剑法却用老了。"

燕南飞沉默着，仿佛在咀嚼着他这两句话，又过了很久,才缓缓道:"那时你就问我,是不是还有什么心愿未了?"

傅红雪道:"我问过!"

燕南飞道:"那时我就告诉过你,纵然我有心愿未了,也是我自己的事,我自己的事,一向都由我去做。"

傅红雪道:"我记得。"

燕南飞道:"那时我也告诉过你,你随时都可以杀我,却休想逼我说出我不愿的事。"

傅红雪道:"现在……"

燕南飞道:"现在我还是一样!"

傅红雪道:"一样不肯说?"

燕南飞道:"你借我一年时光,让我去做我自己想做的事,现在一年已过去,我……"

傅红雪道:"你是来送死的!"

燕南飞道:"不错,我正是来送死的!"

他捧着他的剑,一个字一个字地接着道:"所以现在你已经可以杀了我!"

他是来送死的!

他来自江南,跋涉千里,竟只不过是赶来送死的!

他金杯盈满,拥妓而歌,也只不过是为了享受死前一瞬的欢乐!

这种死,是多么庄严,多么美丽!

剑仍在手里,刀仍在桌上。

傅红雪道:"一年前此时此地,我就可以杀了你!"

燕南飞道:"你让我走,只因为你知道我必定会来?"

傅红雪道:"你若不来,我只怕永远找不到你。"

燕南飞道:"很可能。"

傅红雪道:"但是你来了。"

燕南飞道:"我必来!"

傅红雪道:"所以你的心愿若未了,我还可以再给你一年。"

燕南飞道:"不必!"

傅红雪道:"不必?"

燕南飞道:"我既然来了,就已抱定必死之心!"

傅红雪道:"你不想再多活一年?"

燕南飞忽然仰面而笑,道:"大丈夫生于世,若不能锄强诛恶,快意恩仇,就算再多活十年百年,也是生不如死!"

他在笑,可是他的笑声中,却带着种说不出的痛苦和悲伤。

傅红雪看着他,等他笑完了,忽然道:"可是你的心愿还未了。"

燕南飞道:"谁说的?"

傅红雪道:"我说的,我看得出。"

燕南飞冷笑道:"纵然我的心愿还未了,也已与你无关。"

傅红雪道:"可是我……"

燕南飞打断了他的话，冷冷道："你本不是个多话的人，我也不是来跟你说话的！"

傅红雪道："你只求速死？"

燕南飞道："是！"

傅红雪道："你宁死也不肯把你那未了的心愿说出来？"

燕南飞道："是！"

这个"是"字说得如快刀斩钉，利刃断铁，看来世上已绝没有任何人能改变他的决心。

傅红雪握刀的手背上，已凸出青筋。

只要这柄刀一出鞘，死亡就会跟着来了，这世上也绝没有任何人能抵挡。

现在他的刀是不是已准备出鞘？

燕南飞双手捧剑，道："我宁愿死在自己的剑下。"

傅红雪道："我知道！"

燕南飞道："但你还是要用你的刀？"

傅红雪道："你有不肯做的事，我也有。"

燕南飞沉默着，缓缓道："我死了后，你能不能善待我这柄剑？"

傅红雪冷冷道："剑在人在，人亡剑毁，你死了，这柄剑也必将与你同在。"

燕南飞长长吐出口气，闭上眼睛，道："请！请出手。"

傅红雪的刀已离鞘，还未出鞘，忽然，外面传来"骨碌碌"一阵响，如巨轮滚动，接着，又是"轰"的一声大震。

本已腐朽的木门,忽然被震散,一样东西"骨碌碌"滚了进来,竟是个大如车轮、金光闪闪的圆球。

04

傅红雪没有动,燕南飞也没有回头。

这金球已直滚到他背后,眼看着就要撞在他身上。

没有人能受得了这一撞之力,这种力量已绝非人类血肉之躯能抵挡。

就在这时,傅红雪已拔刀!

刀光一闪,停顿。

所有的声音,所有的动作全部停顿。

这来势不可挡的金球,被他用刀锋轻轻一点,就已停顿。

也就在这同一瞬间,金球突然弹出十三柄尖枪,直刺燕南飞的背。

燕南飞还是不动,傅红雪的刀又一动。

刀光闪动,枪锋断落,这看来重逾千斤的金球,竟被他一刀劈成四半。

金球竟是空的,如花筒般裂开,现出了一个人。

一个像侏儒般的小人,盘膝坐在地上,花瓣般裂开的球壳慢慢倒下,他的人却还是动也不动地坐在那里。

刚才那一刀挥出,就已能削断十三柄枪锋,就已能将金球劈成四半，这一刀的力量和速度，仿佛已与天地间所有神奇的力量融为一体。

那甚至已超越了所有刀法的变化，已足以毁灭一切。

可是，枪断球裂后，这个侏儒般的小人还是好好地坐着，非但连动都没有动，脸上也完全没有任何表情，就像是个木头人。

门窗撞毁，屋瓦也被撞松了，一片瓦落下来，恰好打在他身上，发出"噗"的一声响。

原来他真的是个木头人。

傅红雪冷冷地看着他，他不动，傅红雪也不动！

木头人怎么会动？

这个木头人却突然动了！

他动得极快，动态更奇特，忽然用他整个人向燕南飞后背撞了过去。

他没有武器。

他就用他自己的人作武器，全身上下，手足四肢，都是武器。

无论多可怕的武器，都要人用，武器本身却是死的！

他这种武器，本身就已是活的！

也就在这同一瞬间，干裂的土地，突然伸出一双手，握住了燕南飞的双足。

这一着也同样惊人。

现在燕南飞就算要闪避，也动不了。

地下伸出的手，突然动起来的木头人，上下夹攻，木头人的腿也夹住了他的腰，一双手已准备挟制他的咽喉！

他们出手一击，不但奇秘诡异，而且计划周密，已算准这一击绝不落空。

只可惜他们忘了燕南飞身旁还有一柄刀！

傅红雪的刀！

天上地下，独一无二的刀！

刀光又一闪！只一闪！

四只手上都被划破道血口，木头人手里原来也有血的。

从他手里流出来的血，也同样是鲜红的，可是他枯木般的脸，已开始扭曲。

手松了，四只手都松开，一个人从地下弹丸般跃出，满头灰土，就像个泥人。

这泥人也是个侏儒。

两个人同时飞跃，凌空翻身，落在另一个角落里，缩成一团。

没有人追过来。

傅红雪的刀静下，人也静下。燕南飞根本就没有回头。

泥人捧着自己的手，忽然道："都是你害我，你算准这一招必定不会失手的。"

木头人道："我算错了。"

泥人恨道："算错了就该死。"

木头人道："这件事做不成，回去也一样是死，倒不如现在死了算了。"

泥人道："你想怎样死？"

木头人道："我是个木头人，当然要用火来烧。"

泥人道:"好,最好烧成灰。"

木头人叹了口气,真的从身上拿出个火折子,点着了自己的衣服。

火烧得真快,他的人一下子就被燃烧了起来,变成了一堆火。

泥人已远远避开,忽又大喝道:"不行,你现在还不能死,你身上还有三千两的银票,被烧成灰,就没用了。"

火堆中居然还有声音传出:"你来拿。"

泥人道:"我怕烫。"

火堆中又传出一声叹息,忽然间,一股清水从火堆中直喷出来,雨点般洒落,落在火堆上,又化成一片水雾。

火势立刻熄灭,变成了浓烟。

木头人仍在烟雾中,谁也看不见他究竟已被烧成什么样子。

傅红雪根本就连看都没有看,他所关心的只有一个人。

燕南飞却似已不再对任何人关心。

烟雾四散,弥漫了这小小的酒店,然后又从门窗中飘出去。

外面有风。

烟雾飘出去,就渐渐被吹散了。

刚才蹒跚爬过长街的那只黑猫,正远远地躲在一根木柱后。

一缕轻烟,被风吹了过去,猫突然倒下,抽搐萎缩……

经过了那么多没有任何人能忍受的灾难和饥饿后,它还活着,可是这淡淡的一缕轻烟,却使它在转眼间就化作了枯骨。

这时傅红雪和燕南飞正在烟雾中。

第四章

高楼明月

01

浓烟渐渐散了。

这是夺命的烟,江湖中已不知有多少声名赫赫的英雄,无声无息地死在这种浓烟里。

浓烟消散的时候,木头人的眼睛里正在发着光,他相信他的对手无疑已倒了下去。

他希望还能看见他们在地上作最后的挣扎,爬到他面前,求他的解药。

甚至连石霸天和铜虎都曾经跪在他面前,苦苦哀求过。

他们本都是江湖中最凶悍的强人,可是到了真正面临死亡时,就连最有勇气的人都会变得懦怯软弱。

别人的痛苦和绝望,对他说来,总是种很愉快的享受。

可是这一次他失望了。

傅红雪和燕南飞并没有倒下去,眼睛里居然也在发着光。

木头人眼睛里的光却已像他身上的火焰般熄灭。烧焦的衣服也早已随着浓烟随风而散,只剩下一身漆黑的骨肉,既像是烧不焦的金铁,又像是烧焦了的木炭。

燕南飞忽然道:"这两人就是五行双杀。"

傅红雪道:"哼。"

"金中藏木,水火同源""借土行遁,鬼手捉脚",本都是令人防不胜防的暗算手段,五行双杀也正是职业刺客中身价最高的几个人之一,据说他们早已都是家财巨万的大富翁。

只可惜世上有很多大富翁,在某些人眼中看来,根本一文不值。

泥人抢着赔笑道:"他是金木水火,我是土,我简直是条土驴,是个土豆,是只土狗。"

他看着傅红雪手里的刀。

刀已入鞘。漆黑的刀柄,漆黑的刀鞘。

泥人叹息着,苦笑道:"就算我们不认得傅大侠,也该认得出这柄刀的。"

木头人道:"可是我们也想不到傅大侠会帮着他出手。"

傅红雪冷冷道:"他这条命已是我的。"

木头人道:"是。"

傅红雪道:"除了我之外,谁也不能伤他毫发。"

木头人道:"是。"

泥人道:"只要傅大侠肯饶了我这条狗命,我立刻就滚得远远的。"

傅红雪道:"滚。"

这个字说出来，两个人立刻就滚，真是滚出去的，就像是两个球。

燕南飞忽然笑了笑，道："我知道你绝不会杀他们。"

傅红雪道："哦？"

燕南飞道："因为他们还不配。"

傅红雪凝视着手里的刀，脸上的表情，带着种说不出的寂寞。

他的朋友本不多，现在就连他的仇敌，剩下的也已不多。

天上地下，值得让他出手拔刀的人，还有几个？

傅红雪缓缓道："我听说过，他们杀了石霸天，代价是十三万两。"

燕南飞道："完全正确。"

傅红雪道："你的命当然比石霸天值钱些。"

燕南飞道："值钱得多。"

傅红雪道："能出得起这种重价，要他们来杀你的人却不多。"

燕南飞闭上了嘴。

傅红雪道："你没有问，只因为你早已知道这个人是谁。"

燕南飞还是闭着嘴。

沉默无言。

傅红雪道："你的未了心愿，就是为了要对付这个人？"

燕南飞突然冷笑，道："你已问得太多！"

傅红雪道："你不说？"

燕南飞道："不说。"

傅红雪道："那么你走！"

燕南飞道："更不能走！"

傅红雪道："莫忘记我借给你一年，这一年时光，就是你欠我的。"

燕南飞道："你要我还？怎么还？"

傅红雪道："去做完你该做的事。"

燕南飞道："可是我……"

傅红雪霍然抬头，盯着他道："你若真是个男子汉，就算要死，也得死得光明磊落。"

他抬起头，燕南飞却垂下头，仿佛不愿让他看见自己脸上的表情。

谁都无法解释那是种什么样的表情——是悲愤？是痛苦？还是恐惧？

傅红雪道："你的剑还在，你的人也未死，你为什么不敢去？"

燕南飞也抬起头，握紧手里的剑，道："好，我去，可是一年之后，我必再来。"

傅红雪道："我知道！"

桌上还有酒！

燕南飞突然转身，抓起酒罐子，道："你还是不喝？"

傅红雪道："不喝！"

燕南飞也盯着他,道:"不喝酒的人,真的能永远清醒?"

傅红雪道:"未必。"

燕南飞仰面大笑,把半罐子酒一口气灌进肚子里,然后就大步走了出去。他走得很快。

因为他知道前面的路不但艰难,而且遥远,远得可怕。

02

死镇,荒街,天地寂寂,明月寂寂。

今夕月正圆。

人的心若已缺,月圆又如何?

燕南飞大步走在圆月下,他的步子迈得很大,走得很快。

但傅红雪却总是远远地跟在他后面,无论他走得多快,只要一回头,就立刻可以看见孤独的残废,用那种笨拙而奇特的姿态,慢慢地在后面跟着。

星更疏,月更淡,长夜已将过去,他还在后面跟着,还是保持着同样的距离。

燕南飞终于忍不住回头,大声道:"你是我的影子?"

傅红雪道:"不是。"

燕南飞道:"你为什么跟着我?"

傅红雪道:"因为我不愿让你死在别人手里。"

燕南飞冷笑,道:"不必你费心,我一向能照顾自己。"

傅红雪道:"你真的能?"

他不让燕南飞回答,立刻又接着道:"只有真正无情的人,才能照顾自己,你却太多情。"

燕南飞道:"你呢?"

傅红雪冷冷道:"我纵然有情,也已忘了,忘了很久。"

他苍白的脸上还是全无表情,又有谁能看得出这冷酷的面具后究竟隐藏着多少辛酸的往事,痛苦的回忆?

一个人如果真的心已死,情已灭,这世上还有谁再能伤害他?

燕南飞凝视着他,缓缓道:"你若真的认为你已能照顾自己,你也错了。"

傅红雪道:"哦?"

燕南飞道:"这世上至少还有一个人能伤害你。"

傅红雪道:"谁?"

燕南飞道:"你自己。"

晨,日出。

阳光已照亮了黑暗寒冷的大地,也照亮了道旁石碑上的三个字:"凤凰集"。

只有这石碑,只有这三个字,还是和一年前完全一样的。

傅红雪本不是个容易表露伤感的人,可是走过这石碑时,还是忍不住要回头去多看一眼。

沧海桑田,人世间的变化本就很大,只不过这地方的变化也未免太快了些。

燕南飞居然看透了他的心意,忽然问:"你想不到?"

傅红雪慢慢地点了点头,道:"我想不到,你却早已知道!"

燕南飞道:"哦?"

傅红雪道:"你早已知道这地方已成死镇,所以才会带着你的酒乐歌妓一起来。"

燕南飞并不否认。

傅红雪道:"你当然也知道这地方是怎么会变成这样子的?"

燕南飞道:"我当然知道!"

傅红雪道:"是为了什么?"

燕南飞眼睛里忽然露出种混合了痛苦和愤怒的表情,过了很久,才缓缓道:"是为了我。"

傅红雪道:"是为了你?你怎么会将一个繁荣的市镇变为坟墓?"

燕南飞闭上了嘴。

他闭着嘴的时候,嘴部的轮廓立刻变得很冷,几乎已冷得接近残酷。

所以只要他一闭上嘴,任何人都应该看得出他已拒绝再谈论这问题。

所以傅红雪也闭上了嘴。

可是他们的眼睛并没有闭上,他们同时看见了一骑快马,从旁边的岔路上急驰而来,来得极快。

马是好马,马上人的骑术精绝,几乎就在他们看见这匹马时,人马就已到了面前。

燕南飞忽然一个箭步蹿出去,凌空翻身,从马首掠过,等他再落地时,已抄住了马缰,勒住。

他整个人都已像钉子般钉在地上,就凭一只手,就勒住了奔马。

马惊嘶,人立而起。

马上骑士怒叱挥鞭,一鞭子往燕南飞头上抽了下去。

鞭子立刻也被抄住,骑士一个筋斗跌在地上,一张汗水淋漓的脸,已因愤怒恐惧而扭曲,吃惊地看着燕南飞。

燕南飞在微笑:"你赶路很急,是为了什么?"

骑士忍住气,看见燕南飞这种惊人的身手,他不能不忍,也不敢不答:"我要赶去奔丧。"

燕南飞道:"是不是你的亲人死了?"

骑士道:"是我的二叔。"

燕南飞道:"你赶去后,能不能救活他?"

"不能!当然不能。"

燕南飞道:"既然不能,你又何必赶得这么急?"

骑士忍不住问道:"你究竟要什么?"

燕南飞道:"我要买你这匹马。"

骑士道:"我不卖!"

燕南飞随手拿出包金叶子,抛在这人面前:"你卖不卖？"

骑士更吃惊，呆呆地看着这包金叶子，终于长长吐出口气，喃喃道："人死不能复生，我又何必急着要赶去？"

燕南飞笑了，轻抚着马鬃，看着傅红雪，微笑道："我知道我甩不脱你，可是现在我已有六条腿。"

傅红雪无语。

燕南飞大笑挥手："再见，一年后再见！"

千中选一的好马，制作精巧的马鞍，他正想飞身上马，忽然间，刀光一闪。

傅红雪已拔刀。

刀光一闪，又入鞘。

马没有受惊，人也没有受到伤害，这一闪刀光，看来就像是天末的流星，带给人的只是美和希望，而不是惊吓和恐惧。

燕南飞却很吃惊，看着他手里漆黑的刀："我知道你一向很少拔刀。"

傅红雪道："嗯。"

燕南飞道："你的刀不是给人看的。"

傅红雪道："嗯。"

燕南飞道："这一次你为什么要无故拔刀？"

傅红雪道："因为你的腿。"

燕南飞不懂："我的腿？"

傅红雪道："你没有六条腿，只要一上这匹马，你就没有腿了，连一条腿都没有。"

燕南飞瞳孔收缩，霍然回头，就看见了血！

赤红色的血正开始流出来，既不是从人身上流出来，也不是从马身上流出来。

血是从马鞍里流出来的。

一直坐在地上的骑士，突然跃起，箭一般蹿了出去。

傅红雪没有阻拦，燕南飞也没有，甚至连看都没回头去看。

他的眼睛盯在马鞍上，慢慢地伸出两根手指，提起了马鞍——只提起一片。

这制作精巧的马鞍，竟已被刚才那一闪刀光削成了两半。

马鞍怎么会流血？

当然不会。

血是冷的，是从蛇身上流出来，蛇就在马鞍里。

四条毒蛇，也已被刚才那一闪刀光削断。

假如有个人坐到马鞍上，假如马鞍旁有好几个可以让蛇钻出来的洞，假如有人已经把这些洞的活塞拔开，假如这四条毒蛇钻出来咬上了这个人的腿。

那么这个人是不是还有腿？

想到这些事，连燕南飞手心都不禁沁出了冷汗。

他的冷汗还没有流出来，已经听到了一声惨呼，凄厉的呼声，就像是胸膛上被刺了一剑。

刚才逃走的骑士，本已用"燕子三抄水"的轻功，掠出七丈外。

可是他第四次跃起时，突然惨呼出声，自空中跌下。

刚才那刀光一闪，非但削断了马鞍，斩断了毒蛇，也伤及了他的心、他的脾、他的肝。

他倒下，倒在地上，像蛇一般扭曲痉挛。

没有人回头去看。

燕南飞轻轻地放下手里的半片马鞍，抬起头，凝视着傅红雪。

傅红雪的手在刀柄，刀在鞘。

燕南飞又沉默良久，长长叹息，道："只恨我生得太晚，我没有见过！"

傅红雪道："你没见到叶开的刀？"

燕南飞道："只恨我无缘，我……"

傅红雪打断了他的话，道："你无缘，却有幸，以前也有人见到他的刀出手……"

燕南飞抢着道："现在那些人都已死了？"

傅红雪道："就算他们的人未死，心却已死。"

燕南飞道："心已死？"

傅红雪道："无论谁，只要见过他的刀出手，终身不敢用刀。"

燕南飞道："可是他用的是飞刀！"

傅红雪道："飞刀也是刀。"

燕南飞承认，只有承认。

刀有很多种，无论哪种刀都是刀，无论哪种刀都能杀人！

傅红雪又问："你用过刀？"

燕南飞道："没有。"

傅红雪道:"你见过多少真正会用刀的人?"

燕南飞道:"没有几个。"

傅红雪道:"那么你根本不配谈论刀。"

燕南飞笑了笑,道:"也许我不配谈论刀,也许你的刀法并不是天下无双的刀法,我都不能确定,我只能确定一件事。"

傅红雪道:"什么事?"

燕南飞道:"现在我又有了六条腿,你却只有两条。"

他大笑,再次飞身上马。

鞍已断,蛇已死,马却还是像生龙活虎般活着。

马行如龙,绝尘而去。

傅红雪垂下头,看着自己的腿,眼睛里带着种无法形容的讥诮沉吟:"你错了,我并没有两条腿,我只有一条。"

03

每个市镇都有酒楼,每间可以长期存在的酒楼,一定都有它的特色。

万寿楼的特色就是"贵",无论什么酒菜都至少比别家贵一倍。

人类有很多弱点,花钱摆派头无疑也是人类的弱点之一。

所以特别贵的地方,生意总是特别的好。

燕南飞从万寿楼走出来,看到系在门外的马,就忍不住笑了。

两条腿毕竟比不上六条腿的。

每个人都希望能摆脱自己的影子,这岂非也正是人类的弱点之一?

可是他从拴马石上解开了缰绳,就笑不出了。

因为他一抬头,就又看见了傅红雪。

傅红雪正站在对街,冷冷地看着他,苍白的脸,冷漠的眼,漆黑的刀。

燕南飞笑了。

他打马,马走,他却还是站在那里,微笑着,看着傅红雪。

一匹价值千金的马,只在他一拍手间,就化作了尘土。

千金、万金、万万金,在他眼中看来又如何?也只不过是一片尘土。

尘土消散,他才穿过街,走向傅红雪,微笑着道:"你终于还是追来了。"

傅红雪道:"嗯。"

燕南飞道:"无论你想盯住什么人,那个人是不是都一定跑不了?"

傅红雪道:"嗯。"

燕南飞叹了口气,道:"幸好我不是女人,否则岂非也要被你盯得死死的,想不嫁给你都不行。"

傅红雪苍白的脸上,突然露出种奇异的红晕,红得可怕。甚至连他的瞳孔都已因痛苦而收缩。

他心里究竟有什么痛苦的回忆?这普普通通的一句玩笑话,为什么会令他如此痛苦?

燕南飞也闭上了嘴。

他从不愿伤害别人,每当他无意间刺伤了别人时,他心里也会同样觉得很难受。

两个人就这样面对面地站着,站在一家糕饼店的屋檐下。

店里本有个干枯瘦小的老婆婆,带着一男一女两个孩子在买糕饼,还没有走出门,孩子们已吵着要吃糕了,老婆婆嘴里虽然说"在路上不许吃东西",还是拿出了两块糕,分给了孩子。

谁知道孩子们分了糕之后,反而吵得更凶。

男孩子跳着道:"小萍的那块为什么比我的大?我要她那块。"

女孩子当然不肯,男孩子就去抢,女孩子就逃,老婆婆拦也拦不住,只有摇着头叹气。

女孩子跑得当然没有男孩子快,眼看着要被追上,就往燕南飞身子后面躲,拉住燕南飞的衣角,道:"好叔叔,你救救我,他是个小强盗。"

男孩子抢着道:"这位叔叔才不会帮你,我们都是男人,男人都是帮男人的。"

燕南飞笑了。

这两个孩子虽然调皮,却实在很聪明,很可爱。燕南飞也有过自己的童年,只可惜那些黄金般无忧无虑的日子，如今已一去不返，那个令他永远忘不了的童年游伴，如今也不知是不是已嫁了。

从这两个孩子身上，他仿佛又看见了自己那些一去不返的童年往事。

他心里忽然充满了温柔与伤感，忍不住拉住了这两个孩子的手，柔声道："你们都不吵，叔叔再替你们买糕吃，一个人十块。"

孩子们脸上立刻露出了天使般的笑容，抢着往他怀里扑过来。

燕南飞伸出了双手，正准备把他们一手一个抱起来。

就在这时，刀光一闪。

从来不肯轻易拔刀的傅红雪，突又拔刀！

刀光闪过，孩子们手里的糕已被削落，跌在地上，跌成两半。

孩子们立刻全都被吓哭了，大哭着跑回他们外婆的身边去。

燕南飞也怔住，吃惊地看着傅红雪。

傅红雪的刀已入鞘，脸上连一点表情都没有。

燕南飞忽然冷笑，道："我现在才明白，你这把刀除了杀人之外还有什么用！"

傅红雪道："哦？"

燕南飞道："你还会用来吓孩子。"

傅红雪冷冷道："我只吓一种孩子。"

燕南飞道："哪种？"

傅红雪道："杀人的孩子！"

燕南飞又怔住,慢慢地转回头,老婆婆正带着孩子往后退。

孩子们也不再哭了,瞪大了眼睛,恨恨地看着燕南飞。

他们的眼睛里竟仿佛充满了怨毒和仇恨。

燕南飞垂下头,心也开始往下沉,被削落在地上的糖糕里,竟有光芒闪动。

他拾起一半,就发现了藏在糕里的机簧钉筒,五毒飞钉。

他的人忽然飞鸟般掠起,落在那老婆婆面前,道:"你就是鬼外婆?"

老婆婆笑了,干枯瘦小的脸,忽然变得说不出的狰狞恶毒:"想不到你居然也知道我。"

燕南飞盯着她,过了很久,才缓缓道:"你当然也知道我有种习惯。"

鬼外婆道:"什么习惯?"

燕南飞道:"我从不杀女人。"

鬼外婆笑道:"这是种好习惯。"

燕南飞道:"你虽然老了,毕竟也是个女人。"

鬼外婆叹了口气,道:"只可惜你没有见过我年轻的时候,否则……"

燕南飞冷冷道:"否则我还是要杀你!"

鬼外婆道:"我记得你好像刚才还说过,从不杀女人的。"

燕南飞道:"你是例外。"

鬼外婆道:"为什么我要例外?"

燕南飞道:"孩子们是纯洁无辜的,你不该利用他们,害了他们一生。"

鬼外婆又笑了,笑得更可怕:"好外婆喜欢孩子,孩子们也喜欢替好外婆做事,跟你有什么关系?"

燕南飞闭上了嘴。

他已不愿继续再谈论这件事,他已握住了他的剑!

鲜红的剑,红如热血!

鬼外婆狞笑道:"别人怕你的蔷薇剑,我……"

她没有说下去,却将手里的一包糖糕砸了下去,重重地砸在地上。

只听"轰"的一声大震,尘土飞扬,烟硝四激,还夹杂着火星点点。

燕南飞凌空翻身,退出两丈。

烟消尘土散时,鬼外婆和孩子都已不见了,地上却多了个大洞。

人群围过来,又散了。

燕南飞还是呆呆地站在那里,过了很久,才转身面对傅红雪。

傅红雪冷如雪。

燕南飞终于忍不住长长叹息,道:"这次你又没有看错。"

傅红雪道:"我很少错。"

燕南飞叹道:"但孩子们还是无辜的,他们一定也从小就被鬼外婆拐出来……"

黑暗的夜，襁褓中的孩子，干枯瘦小的老婆婆夜半敲门……

伤心的父母，可怜的孩子……

燕南飞黯然道："她一定用尽了各种法子，从小就让那些孩子学会仇恨和罪恶。"

傅红雪道："所以你本不该放她走的。"

燕南飞道："我想不到她那包糖糕里竟藏着江南霹雳堂的火器。"

傅红雪道："你应该想得到，糕里既然可能有五毒钉，就可能有霹雳子！"

燕南飞道："你早已想到？"

傅红雪不否认。

燕南飞道："你既然也认为不该放她走的，为什么不出手？"

傅红雪冷冷道："因为她要杀的不是我，也因为想不到你会这么蠢。"

燕南飞盯着他，忽然笑了，苦笑："也许不是我太蠢，而是你太精！"

傅红雪道："哦？"

燕南飞道："直到现在我还不明白，那烟中的毒雾，鞍里的毒蛇，你是怎么看出来的？"

傅红雪沉默着，过了很久，才缓缓道："杀人的法子有很多种，暗杀也是其中一种，而且是最为可怕的一种。"

燕南飞道："我知道！"

傅红雪说道:"你知不知道暗杀的法子又有多少种?"

燕南飞道:"不知道!"

傅红雪道:"你知不知道这三百年来,有多少不该死的人被暗杀而死?"

燕南飞道:"不知道!"

傅红雪道:"至少有五百三十八个人。"

燕南飞道:"你算过?"

傅红雪道:"我算过,整整费了我七年时光才算清楚。"

燕南飞忍不住问:"你为什么要费这么大功夫,去算这些事?"

傅红雪道:"因为我若没有去算过,现在至少已死了十次,你也已死了三次。"

燕南飞轻轻吐出口气,想开口,又忍住。

傅红雪冷冷接道:"我说的这五百三十八人,本都是武林中的一流高手,杀他们的人,本不是他们的对手。"

燕南飞道:"只不过这些人杀人的法子都很恶毒巧妙,所以才能得手。"

傅红雪点点头,道:"被暗杀而死的虽有五百三十八人,杀他们的刺客却只有四百八十三个。"

燕南飞道:"因为他们其中有些是死在同一人之手的。"

傅红雪又点点头,道:"这些刺客杀人的法子,也有些是相同的。"

燕南飞道:"我想得到。"

傅红雪说道:"他们一共只用了两百二十七种法子。"

燕南飞道:"这两百二十七种暗杀的法子,当然都是最恶毒、最巧妙的。"

傅红雪道:"当然。"

燕南飞道:"你知道其中多少种?"

傅红雪道:"两百二十七种。"

燕南飞叹了口气,道:"这些法子我本来连一种都不懂!"

傅红雪道:"现在你至少知道三种。"

燕南飞道:"不止三种!"

傅红雪道:"不止?"

燕南飞笑了笑,道:"你知不知道这半年来我已被人暗杀过多少次?"

傅红雪摇摇头。

燕南飞道:"不算你见过的,也有三十九次。"

傅红雪道:"他们用的法子都不同?"

燕南飞道:"非但完全不同,而且都是我想不到的,可是我直到现在还活着。"

这次闭上嘴的人是傅红雪。

燕南飞已大笑转身,走入了对街的横巷,巷中有高楼,楼上有花香。

是什么花的香气?

是不是蔷薇?

04

高楼,楼上有窗,窗前有月,月下有花。

花是蔷薇,月是明月。

没有灯,月光从窗外照进来,照在燕南飞身畔的蔷薇上。

他身畔不但有蔷薇,还有个被蔷薇刺伤的人。

> 今夕何夕?
> 月如水,人相倚。
> 有多少诉不尽的相思?
> 有多少说不完的柔情蜜意?

夜已深了,人也该醉了。

燕南飞却没有醉,他的一双眼睛依旧清澈如明月,脸上的表情却仿佛也被蔷薇刺伤了。

蔷薇有刺,明月呢?

明月有心,所以明月照人。

她的名字就叫作明月心。

夜更深,月更清,人更美,他脸上的表情却仿佛更痛苦。

她凝视着他，已良久良久，终于忍不住轻轻问："你在想什么？"

燕南飞也沉默良久，才低低回答："我在想人，两个人。"

明月心声音更温柔："你想的这两个人里面，有没有一个是我？"

燕南飞道："没有。"

他的声音冰冷接道："两个人都不是你。"

美人又被刺伤了，却没有退缩，又问道："不是我，是谁？"

燕南飞道："一个是傅红雪。"

明月心道："傅红雪？就是在凤凰集上等着你的那个人？"

燕南飞道："嗯。"

明月心道："他是你的仇人？"

燕南飞道："不是。"

明月心道："是你的朋友？"

燕南飞道："也不是。"

他忽然笑了笑，又道："你永远想不到他为什么要在凤凰集等着我的。"

燕南飞道："他在等着杀我。"

明月心轻轻吐出口气，道："可是他并没有杀了你。"

燕南飞笑容中带着种说不出的讥诮，道："非但没有杀我，而且还救了我三次。"

明月心又轻轻叹了口气,道:"你们这种男人做的事,我们女人好像永远也不会懂的。"

燕南飞道:"你们本来就不懂。"

明月心转过头,凝视着窗外的明月:"你想的还有一个人是谁?"

燕南飞目中的讥消又变成了痛苦,缓缓道:"是个我想杀的人,只可惜我自己也知道,我永远也杀不了他的。"看着他的痛苦,她的眼睛黯淡了,窗外的明月也黯淡了。

一片乌云悄悄地掩过来,掩住了月色。

她悄悄地站起,轻轻道:"你该睡了,我也该走了。"

燕南飞头也不抬:"你走?"

明月心道:"我知道你现在的心情,我本该留下来陪你的,可是……"

燕南飞打断了她的话,冷冷道:"可是你非走不可,因为虽然在风尘中,你这里却从不留客,能让我睡在这里,已经很给我面子。"

明月心看着他,眼睛里也露出痛苦之色,忽然转过身,幽幽地说:"也许我本不该留你,也许你本不该来的。"

人去楼空,空楼寂寂,窗外却响起了琴弦般的雨声,渐近,渐响,渐密。

好大的雨,来得好快,连窗台外的蔷薇,都被雨点打碎了。

可是对面的墙角下，却还有个打不碎的人，无论什么都打不碎，非但打不碎他的人，也打不碎他的决心。

燕南飞推开窗，就看见了这个人。

"他还在！"雨更大，这个人却还是动也不动地站在那里，就算这千千万万滴雨点，化作了千千万万把尖刀，这个人也绝不会退缩半步的。

燕南飞苦笑，只有苦笑："傅红雪，傅红雪，你为什么会是这么样的人？"

一阵风吹过来，雨点打在他脸上，冷冷地，一直冷到他心里。

他心里却忽然涌起了一股热血，忽然蹿了出去，从冰冷的雨点中，掠过高墙，落在傅红雪面前。

傅红雪的人却已到了远方，既没有感觉到这倾盆暴雨，也没有看见他。

燕南飞只不过在雨中站了片刻，全身就已湿透，可是傅红雪不开口，他也绝不开口。

傅红雪的目光终于转向他，冷冷道："外面在下雨，下得很大。"

燕南飞道："我知道！"

傅红雪道："你本不该出来的！"

燕南飞笑了笑，道："你可以在外面淋雨，我为什么不可以？"

傅红雪道："你可以。"

说完了这三个字，他就又移开目光，显然已准备结束这次谈话。

燕南飞却不肯结束,又道:"我当然可以淋雨,任何人都有淋雨的自由。"

傅红雪的人又似已到了远方。

燕南飞大声道:"但我却不是特地出来淋雨的!"

他说话的声音实在太大,比千万滴雨点打在屋瓦上的声音还大。

傅红雪毕竟不是聋子,终于淡淡地问了句:"你出来干什么?"

燕南飞道:"我想告诉你一件事,一个秘密。"

傅红雪眼睛里立刻发出了光,道:"现在你已准备告诉我?"

燕南飞点点头。

傅红雪道:"你本来岂非宁死也不肯说的?"

燕南飞承认:"我本来的确已下了决心,绝不告诉任何人。"

傅红雪道:"现在你为什么要告诉我?"

燕南飞看着他,看着他脸上的雨珠,看着他苍白的脸,道:"现在我告诉你,只因为我忽然发现了一件事。"

傅红雪道:"什么事?"

燕南飞又笑了笑,淡淡道:"你不是人,根本就不是。"

第五章

黑手的拇指

01

不是人是什么?

是野兽?是鬼魅?是木石?还是仙佛?

也许都不是。

只不过他做的事偏偏又超越了凡人能力的极限,也超越了凡人忍耐的极限。

燕南飞有很好的解释:"就算你是人,最多也只能算是个不是人的人。"

傅红雪笑了,居然笑了。

纵然他并没有真的笑出来,可是眼睛里的确已有了笑意。

这已经是很难得的事,就像是暴雨乌云中忽然出现的一抹阳光。

燕南飞看着他,却忽然叹了口气,道:"令我想不到的是,你这个不是人的人居然也会笑。"

傅红雪道:"不但会笑,还会听。"

燕南飞道:"那么你就跟我来。"

傅红雪道:"到哪里去?"

燕南飞道:"到没有雨的地方去,到有酒的地方去。"

小楼上有酒,也有灯光,在这春寒料峭的雨夜中看来,甚至比傅红雪的笑更温暖。

可是傅红雪只抬头看了一眼,眼睛里的笑意就冷得凝结,冷冷道:"那是你去的地方,不是我的!"

燕南飞道:"你不去?"

傅红雪道:"绝不去。"

燕南飞道:"我能去的地方,你为什么不能去?"

傅红雪道:"因为我不是你,你也不是我。"

——就因为你不是我,所以你绝不会知道我的悲伤和痛苦。

这句话他并没有说出来,也不必说出来。

燕南飞已看出他的痛苦,甚至连他的脸都已因痛苦而扭曲。

这里只不过是个妓院而已,本是人们寻欢作乐的地方,为什么会引起他如此强烈的痛苦?莫非他在这种地方也曾有过一段痛苦的往事?

燕南飞忽然问道:"你有没有看见那个陪我到凤凰集,为我抚琴的人?"

傅红雪摇头。

燕南飞道:"我知道你没有看见,因为你从不喝酒,也从不看女人。"

他盯着傅红雪,慢慢地接着道:"是不是因为这两样事都伤过你的心?"

傅红雪没有动,没有开口,可是脸上每一根肌肉都已抽紧。

燕南飞说的这句话,就像是一根尖针,刺入了他的心。

——在欢乐的地方,为什么不能有痛苦的往事?

——若没有欢乐,哪里来的痛苦?

——痛苦与欢乐的距离,岂非本就在一线之间?

燕南飞闭上了嘴。

他已不想再问,不忍再问。

就在这时,高墙后突然飞出两个人,一个人"噗"地跌在地上就不再动了,另一个人却以"燕子三抄水"的绝顶轻功,掠上了对面的高楼。

燕南飞出来时,窗子是开着的,灯是亮着的!

灯光中只看见一条纤弱轻巧的人影闪了闪,就穿窗而入。

倒在地上的,却是个脸色蜡黄,干枯瘦小,还留着山羊胡子的黑衣老人。

他一跌下来,呼吸就停顿。

燕南飞一发觉他的呼吸停顿,就立刻飞身跃起,以最快的速度,掠上高楼,穿窗而入!

等他穿过窗户,才发现傅红雪已站在屋子里。

屋子里没有人,只有一个湿淋淋的脚印。

脚印也很纤巧，刚才那条飞燕般的人影，显然是个女人。

燕南飞皱起了眉，喃喃道："会不会是她？"

傅红雪道："她是谁？"

燕南飞道："明月心。"

傅红雪冷冷道："天上无月，明月无心，哪里来的明月心？"

燕南飞叹了口气，苦笑道："你错了，我本来也错了，直到现在，我才知道明月是有心的。"

无心的是蔷薇。

蔷薇在天涯。

傅红雪道："明月心就是这里的主人？"

燕南飞点点头，还没有开口，外面已响起了敲门声。

门是虚掩着的，一个春衫薄薄、面颊红红、眼睛大大的小姑娘，左手捧着个食盒，右手拿着一罐还未开封的酒走进来，就用那双灵活的大眼睛盯着傅红雪看了半天，忽然道："你就是我们家姑娘说的那位贵客？"

傅红雪不懂，连燕南飞都不懂。

小姑娘又道："我们家姑娘说，有贵客光临，特地叫我准备了酒菜，可是你看来却一点也不像是贵客的样子。"

她好像连看都懒得再看傅红雪，嘴里说着话，人已转过身去收拾桌子，重摆杯筷。

刚才那个人果然就是明月心。

黑衣老人本是想在暗中刺杀燕南飞的，她杀了这老人,先不露面,为的也许就是想把傅红雪引到这小楼上来。

燕南飞笑了,道:"看来她请客的本事远比我大得多了。"

傅红雪板着脸,冷冷道:"只可惜我不是她想象中那种贵客。"

燕南飞道:"但是你毕竟已来了,既然来了,又何妨留下?"

傅红雪道:"既然我已来了,你为什么还不说?"

燕南飞又笑了笑,走过去拍开了酒罐上完整的封泥,立刻有一阵酒香扑鼻。

"好酒!"他微笑着道,"连我到这里来,都没有喝过这么好的酒!"

小姑娘在倒酒,从罐子里倒入酒壶,再从酒壶里倒入酒杯。

燕南飞道:"看来她不但认得你,你是怎么样一个人,她好像也很清楚。"

酒杯斟满,他一饮而尽,才转身面对傅红雪,缓缓道:"我的心愿未了,只因为有个人还没有死。"

傅红雪道:"是什么人?"

燕南飞道:"是个该死的人。"

傅红雪道:"你想杀他?"

燕南飞道:"我日日夜夜都在想。"

傅红雪沉默着,过了很久,才冷冷道:"该死的人,迟早总要死的,你为什么一定要自己动手?"

燕南飞恨恨道:"因为除了我之外,绝没有别人知道他该死。"

傅红雪道:"这个人究竟是谁?"

燕南飞道:"公子羽!"

屋子里忽然静了下来,连那倒酒的小姑娘都忘了倒酒!

公子羽!

这三个字本身就仿佛有种令人慑服的力量。

雨点从屋檐上滴下,密如珠帘。

傅红雪面对着窗户,过了很久,忽然道:"我问你,近四十年来,真正能算做大侠的人有几个?"

燕南飞道:"有三个。"

傅红雪道:"只有三个?"

燕南飞道:"我并没有算上你,你……"

傅红雪打断了他的话,冷冷道:"我知道我不是,我只会杀人,不会救人。"

燕南飞道:"我也知道你不是,因为你根本不想去做。"

傅红雪道:"你说的是沈浪、李寻欢和叶开?"

燕南飞点点头,道:"只有他们三个人才配。"

这一点江湖中绝没有人能否认,第一个十年是沈浪的时代,第二个十年小李飞刀纵横天下,第三个十年属于叶开。

傅红雪道:"最近十年?"

燕南飞冷笑道:"今日之江湖,当然已是公子羽的天下。"

酒杯又满了，他再次一饮而尽："他不但是天皇贵胄，又是沈浪的唯一传人，不但是文采风流的名公子，又是武功高绝的大侠客！"

傅红雪道："但是你却要杀他？"

燕南飞慢慢地点了点头，道："我要杀他，既不是为了争名，也不是为了复仇。"

傅红雪道："你为的是什么？"

燕南飞道："我为的是正义和公道，因为我知道他的秘密，只有我……"

他第三次举杯，突听"啪"的一响，酒杯竟在他手里碎了。

他的脸色也变了，变成种诡秘的惨碧色。

傅红雪看了他一眼，霍然长身而起，出手如风，将一双银筷塞进他嘴里，又顺手点了他心脏四周的八处穴道！

燕南飞牙关已咬紧，却咬不断这双银筷，所以牙齿间还留着一条缝。

所以傅红雪才能将一瓶药倒入他嘴里，手指在他颚上一挟一托。

银筷拔出，药已入腹。

小姑娘已被吓呆了，正想悄悄溜走，忽然发现一双比刀锋还冷的眼睛在盯着她！

酒壶和酒杯都是纯银的，酒罐上的泥封绝对看不出被人动过的痕迹。

可是燕南飞已中了毒，只喝了三杯酒就中毒很深，酒里的毒是从哪里来的?

傅红雪翻转酒罐,酒倾出,灯光明亮,罐底仿佛有寒星一闪。

他拍碎酒罐,就找到了一根惨碧色的毒钉。

钉长三寸,酒罐却只有一寸多厚,把尖钉从罐底打进去,钉尖上的毒,就溶在酒里。

他立刻就找出了这问题的答案,可是问题并不止这一个。

——毒是从钉上来的,钉是从哪里来的?

傅红雪的目光冷如刀锋,冷冷道:"这罐酒是你拿来的?"

小姑娘点点头,苹果般的脸已吓成苍白色。

傅红雪再问:"你是从哪里拿来的?"

小姑娘声音发抖,道:"我们家的酒,都藏在楼下的地窖里。"

傅红雪道:"你怎么会选中这罐酒?"

小姑娘道:"不是我选的,是我们家姑娘说,要用最好的酒款待食客,这罐就是最好的酒!"

傅红雪道:"她的人在哪里?"

小姑娘道:"她在换衣服,因为……"

她没有说完这句话,外面已有人替她接了下去:"因为我刚才回来的时候,衣服也已湿透。"

她的声音很好听,笑得更好看,她的态度很优雅,装束很清淡。

也许她并不能算是个倾国倾城的绝色美人,可是她走进来的时候,就像是暮春的晚上,一片淡淡的月光照进窗户,让人心里觉得有种说不出的美,说不出的恬静幸福。

她的眼波也温柔如春月,可是当她看见傅红雪手里拈着的那根毒钉时,就变得锐利了。

"你既然能找出这根钉,就应该能看得出它的来历。"她的发音也变得尖锐了些,"这是蜀中唐家的独门暗器,死在外面的那个老人,就是唐家唯一的败类唐翔,他到这里来过,这里也并不是禁卫森严的地方,藏酒的地窖更没有上锁。"

傅红雪好像根本没有听见她说的这些话,只是痴痴地看着她,苍白的脸突然发红,呼吸突然急促,脸上的雨水刚干,冷汗已滚滚而落。

明月心抬起头,才发现他脸上这种奇异的变化,大声道:"难道你也中了毒?"

傅红雪双手紧握,还是忍不住在发抖,突然翻身,箭一般蹿出窗户。

小姑娘吃惊地看着他人影消失,皱眉道:"这个人的毛病倒真不少。"

明月心轻轻叹了口气,道:"他的毛病的确已很深。"

小姑娘道:"什么病?"

明月心道:"心病。"

小姑娘眨眨眼,道:"他的病怎么会在心里?"

明月心沉默了很久,才叹息着道:"因为他也是个伤心人。"

02

只有风雨,没有灯。

黑暗中的市镇,就像是一片荒漠。

傅红雪已倒下来,倒在一条陋巷的阴沟旁,身子蜷曲抽搐,不停地呕吐。

也许他并没有吐出什么东西来,他吐出的只不过是心里的酸苦和悲痛。

他的确有病。

对他来说,他的病不但是种无法解脱的痛苦,而且是种羞辱。

每当他的愤怒和悲伤到了极点时,他的病就会发作,他就会一个人躲起来,用最残酷的方法去折磨他自己。

因为他恨自己,恨自己为什么会有这种病?

冷雨打在他身上,就像是一条条鞭子在抽打着他。

他的心在流血,手也在流血。

他用力抓起把砂土,和着血塞进自己的嘴。

他生怕自己会像野兽般呻吟呼号。

他宁可流血,也不愿让人看见他的痛苦和羞辱。

可是这条无人的陋巷里,却偏偏有人来了。

一条纤弱的人影,慢慢地走了过来,走到他面前。他没有看见她的人,只看见了她的脚。

一双纤巧而秀气的脚，穿着双柔软的缎鞋，和她衣服的颜色很相配。

她衣服的颜色总是清清淡淡的，淡如春月。

傅红雪喉咙里突然发出野兽般的低吼，就像是条腹部中刀的猛虎。

他宁可让天下人都看见他此刻的痛苦和羞辱，也不愿让这个人看见。

他挣扎着想跳起来，怎奈他全身的肌肉都在痉挛收缩。

她在叹息，叹息着弯下腰。

他听见了她的叹息，他感到一只冰冷的手在轻抚他的脸。

然后他就突然失去了知觉，他所有的痛苦和羞辱也立刻得到解脱。

等他醒来时，又已回到小楼。

她正在床头看着他，衣衫淡如春月，眸子却亮如秋星。

看见了这双眸子，他心灵深处立刻又起了一阵奇异的颤抖，就仿佛琴弦无端被拨动。

她的神色却很冷，淡淡道："你什么话都不必说，我带你回来，只不过因为我要救燕南飞，他中的毒很深了。"

傅红雪闭上眼，也不知是为了要避开她的眼波，还是因为不愿让她看见他眼中的伤痛。

明月心道:"我知道江湖中最多只有三个人能解唐家的毒,你就是其中之一。"

傅红雪没有反应,可是他的人忽然就已站了起来,面对着窗户,背对着她。

他身上穿的还是原来的衣服,他的刀还在手边,这两件事显然让他觉得安心了些,所以他这次并没有掠窗而出,只冷冷地问了句:"他还在?"

"还在,就在里面的屋子里!"

"我进去,你等着。"

她就站在那里,看着他慢慢地走进去,看到他走路的姿势,她眸子也不禁流露出一种难以解释的痛苦和哀伤。

过了很久,才听见他的声音从门帘后传出:"解药在桌上。"声音还是冰冷的,"他中的毒并不深,三天之后,就会清醒,七天之后,就可以复原了。"

"但是你现在还不能走!"她说得很快,好像知道他立刻就要走,"就算你很不愿意看见我,现在还是不能走!"

风从窗外吹进来,门上的帘子轻轻波动,里面一点回应都没有。

他的人走了没有?

"我很了解你,也知道你过去有段伤心事,让你伤心的人,一定长得很像我。"明月心的声音很坚定接道,"可是你一定要明白,她就是她,既不是我,也不是别的人。"

——所以你用不着逃避,任何人都用不着逃避。

后面一句话她并没有说出来，她相信他一定能明白她的意思。

风还在吹，帘子还在波动，他还没有走！

她听见了他的叹息，立刻道："如果你真的想让他再活一年，就应该做到两件事。"

他终于开口："什么事？"

"这七天内你绝不能走！"她眨了眨眼，才接着说下去，"中午的时候，还得陪我上街去，我要带你去看几个人。"

"什么人？"

"绝不肯再让燕南飞多活三天的人！"

中午。

一辆马车停在后园的小门外，车窗上的帘子低垂。

"为什么要坐车？"

"因为我只想让你看见他们，并不想让他们看见你。"明月心忽然笑了笑道，"我知道你也不想看见我，所以我已准备在脸上戴个面具。"

她戴的是个弥勒佛面具，肥肥胖胖的脸，笑得好像是个胖娃娃，衬着她纤柔苗条腰肢，看来实在很滑稽。

傅红雪还是连看都没有看她一眼，苍白的手里，还是紧握着那柄漆黑的刀。

在他眼中看来，这世上仿佛已没有任何事能值得他笑一笑。

明月心的一双眸子却在面具后盯着他，忽然问道："你想不想知道我第一个要带你去看的人是谁？"

傅红雪没有反应。

明月心道："是杜雷，'一刀动风雷'的杜雷。"

傅红雪没有反应。

明月心叹了口气，道："看来你脱离江湖实在已太久了，居然连这个人你都不知道！"

傅红雪终于开口，冷冷道："我为什么一定要知道他？"

明月心道："因为他也是榜上有名的人。"

傅红雪道："什么榜？"

明月心道："江湖名人榜！"

傅红雪脸色更苍白。

他知道已经在江湖中混出了名的人，是谁也不肯向谁低头的！

昔年百晓生作"兵器谱"，品评天下高手，虽然很公正，还是引起了一连串凶杀，后来甚至有人说他是故意在江湖中兴风作浪。

如今这"江湖名人榜"又是怎么来的？是不是也别有居心？

明月心道："据说这名人榜是出自公子羽的手笔，榜上一共只有十三个人的名字。"

傅红雪忽然冷笑，道："他自己的名字当然不在榜上。"

明月心道："你猜对了。"

傅红雪目光闪动，又问道："叶开呢？"

明月心道："叶开的名字也不在，这也许只因为他已完全脱离了江湖，已经是人外的人，已经在天外的天上。"

傅红雪沉默着，目光似已忽然到了远方。

远方天畔，凉风习习，一个人衣袂独舞，仿佛正待乘风而去。

明月心道："我知道叶开是你唯一的朋友，难道你也没有他的消息？"

傅红雪的目光忽又变得刀锋冷酷，冷冷道："我没有朋友，一个都没有。"

明月心在心里叹了口气，转回话题，道："你为什么不问我，榜上有没有你的名字？"

傅红雪不问，只因为他根本不必问。

明月心道："也许你本来就不必问的，榜上当然有你的名字，也有燕南飞的！"

她沉吟着，又道："这名人榜虽然注明了排名不分先后，可是一张纸上写了十三个名字，总有先后之分。"

傅红雪终于忍不住问："排名第一的是谁？"

明月心道："是燕南飞！"

傅红雪握刀的手一阵抽紧，又慢慢放松。

明月心道："他在江湖中行走，为什么永无安宁的一日，你现在总该明白了。"

傅红雪没有开口，马车已停下，正停在一座高楼的对面。

会宾楼的楼高十丈。

"我知道杜雷每天中午都在这里吃饭,每天都要吃到这时候才走!"明月心道,"他每天吃的都是四样菜和两碗饭,一壶酒,连菜单都没有换过!"

傅红雪苍白的脸上还是全无表情,瞳孔却已开始收缩。

他知道自己这次又遇见了一个极可怕的对手。

江湖中高手如云,何止千百,榜上有名的却只不过十三个。

这十三个人,当然都是极可怕的人物。

明月心将车窗上的窗帘拨开一点,向外眺望,忽然道:"他出来了。"

03

日正当中。

杜雷从会宾楼走出来的时候,他自己的影子正好被他自己踩在脚下。

他脚上穿的价值十八两银子一双的软底靴,还是崭新的!

每当他穿着崭新的靴子践踏自己的影子时,他心里就会感到有种奇特的冲动,想脱掉靴子,把全身都脱得光光的,奔到街心去狂呼。

他当然不能这么样做,因为他现在已是名人,非常有名。

现在他做的每件事都像夜半更鼓般准确。

无论到了什么地方，无论要在那地方待多久，他每天都一定在同样的时候起居饮食，吃的也一定是同样的菜饭。

有时他虽然吃得要发疯，却还是不肯改变！

因为他希望别人都认为他是个准确而有效率的人，他知道大家对这种人总怀有几分敬畏之心，这就是他最大的愉快和享受。

经过十七年的苦练、五年的奋斗、大小四十二次血战后，他所希望得到的，就是这一点。

他一定要让自己相信，他已不再是那个终年赤着脚没鞋穿的野孩子。

镶着宝玉的刀在太阳下闪闪发光，街上有很多人都在打量着他这柄刀，对面一辆黑漆马车里，好像也有两双眼睛在盯着他。

近年来他已习惯被人盯着打量了，每个名人都得习惯这一点。

可是今天他又忽然觉得很不自在，就好像一个赤裸的少女站在一大群男人中间。

这是不是因为对面车辆里的那两双眼睛，已穿透他镀金的外壳，又看见了那个赤着脚的野孩子？

——一刀劈裂车厢，挖出那两双眼睛来。

他有这种冲动，却没有去做，因为他到这里来，并不是来找这种麻烦的。

近年来他已学会忍耐。

他连看都没有向那边看一眼,就沿着阳光照耀的长街,走向他住的客栈,每一步跨出去,都准确得像老裁缝替小姑娘量衣服一样,一寸不多,一寸不少,恰巧是一尺二寸。

他希望别人都能明白,他的刀也同样准确。

明月心轻轻放下了拨开的窗帘,轻轻吐出口气,道:"你看这个人怎么样?"

傅红雪冷冷道:"一年内他若还没有死,一定会变成疯子。"

明月心叹了口气,道:"只可惜他现在还没有疯……"

04

车马又在"一品香"对面停了下来。

一品香是个很大的茶馆,茶馆里通常都有各式各样的人,越大的茶馆里人越多。

明月心又拨窗帘,让傅红雪看了很久,才问道:"你看见了什么?"

傅红雪道:"人。"

明月心道:"几个人?"

傅红雪道:"七个。"

现在正是茶馆生意上市的时候,里面的客人至少也有一两百个,他为什么只看见了七个?

明月心居然一点也不觉得奇怪,眼睛里反而露出赞美之色,又问道:"你看见是哪七个?"

傅红雪看见的七个人是——两个下棋的,一个剥花生的,一个和尚,一个麻子,一个卖唱的小姑娘,还有一个伏在桌上打瞌睡的大胖子。

这七个有的坐在角落里,有的坐在人丛中,样子并不特别。

为什么他别的人都看不见,偏偏只看见了这七个?

明月心非但不奇怪,反而显得更佩服,轻轻叹息着道:"我只知道你的刀快,想不到你的眼更快。"

傅红雪道:"其实我只要看见一个人就已足够。"

他正在看着一个人。

刚才还伏在桌上打瞌睡的胖子,现在已醒了,先伸了懒腰,再倒了碗茶漱口,"噗"地把一口茶喷在地上去,打湿了旁边一个人的裤脚,他就赶紧弯下腰,赔着笑用衣袖替那人擦裤脚。

一个人若长得太胖,做的事总难免会显得有点愚蠢可笑。

可是傅红雪在看着他的时候,眼色却跟刚才看着杜雷时完全一样。

难道他认为这胖子也是个很可怕的对手?

明月心道:"你认得这个人?"

傅红雪摇摇头。

明月心道:"但是你很注意他。"

傅红雪点点头。

明月心道:"你已发现他有什么特别的地方?"

傅红雪沉默着,过了很久,才一字字道:"这个人有杀气!"

明月心道:"杀气?"

傅红雪握紧了手里的刀,道:"只有杀人无数的高手,身上才会带着杀气!"

明月心道:"可是他看起来只不过是个臃肿愚蠢的胖子。"

傅红雪冷冷道:"那只不过是他的掩护而已,就正如刀剑的外鞘一样。"

明月心又叹了口气,道:"看来你的眼比你的刀还利。"

她显然认得这个人,而且很清楚他的底细。

傅红雪道:"他是谁?"

明月心道:"他就是拇指。"

傅红雪道:"拇指?"

明月心道:"你知不知道江湖中近年来出现了一个很可怕的秘密组织。"

傅红雪道:"这组织叫什么名字?"

明月心道:"黑手!"

傅红雪并没有听见过这名字,却还是觉得有种说不出的压力。

明月心道:"到目前为止,江湖中了解这组织情况的人还不多,因为他们做的事,都是在地下的,见不得天日。"

傅红雪道:"他们做的是些什么事?"

明月心道:"绑票、勒索、暗杀!"

一只手有五根手指,这组织也有五个首脑。

这胖子就是拇指,黑手的拇指!

马车又继续前行,窗帘已垂下。

明月心忽然问道:"一只手上,力量最大的是哪根手指?"

傅红雪道:"拇指。"

明月心道:"最灵活的是哪根手指?"

傅红雪道:"食指。"

明月心道:"黑手的组织中,负责暗杀的,就是拇指和食指。"

拇指最可怕的地方,就是他有一身别人练不成的十三太保横练童子功。

因为他本是宫中的太监,从小就是太监,皇宫大内中的几位高手,都曾经教过他的武功。

食指的出身更奇特,据说他不但在少林寺当过知客僧,在丐帮负过六口麻袋,还曾经是江南凤尾帮十二连环坞的刑堂堂主。

他们手下各有一组人,每个人都有种很特别的本事,而且合作已久。

所以他们暗杀的行动，从来也没有失败过。

明月心道："但是这组织中最可怕的人，却不是他们两个。"

傅红雪道："是谁？"

明月心道："是无名指。"一只手上，最笨拙的就是无名指。

傅红雪道："无名指为什么可怕？"

明月心道："就因为他无名。"

傅红雪承认。

声名显赫的武林豪杰，固然必有所长，可是一些无名的人却往往更可怕。

因为你通常都要等到他的刀已刺入你心脏时，才知道他的可怕。

明月心道："江湖中从来也没有人知道谁是无名指，更没有人见过他。"

傅红雪道："连你也不知道？"

明月心苦笑道："说不定我也得等到他的刀已刺入我心口时才知道！"

傅红雪沉默着，又过很久，才问道："现在你还要带我去看什么人？"

明月心并没有直接回答这句话，道："这小城本来并不是个很热闹的地方，可是最近这几天，却突然来了很多陌生的江湖客。"

现在她对这些人已不再陌生，因为她已调查过他们的来历和底细。

傅红雪并不惊奇。

他早已发现她绝不像她外表看来那么样单纯柔弱，在她那双纤纤玉手里，显然也掌握着一股巨大的力量，远比任何人想象中都大得多。

明月心道："我几乎已将他们每个人的底细都调查得很清楚，只有一个人是例外。"

傅红雪道："谁？"

明月心还没有开口，忽然间，拉车的健马一声长嘶，人立而起，车厢倾斜，几乎翻倒。

她的人却已在车厢外，只见一个青衣白袜的中年人，倒在马蹄下。

已人立而起的健马，前蹄若是踏下来，他就算不死，骨头也要被踩断。

赶车的已拉不住这匹马，倒在地上的人身子缩成一团，更连动都不能动了。

眼看着马蹄已将踏下，明月心非但连一点出手相救的意思都没有，甚至连看都没有去看。

她在看着傅红雪。傅红雪也已到了车厢外，苍白的脸上全无表情，更没有出手的意思。

人群一阵惊呼，马蹄终于踏下，地上的青衣人明明就倒在马蹄下，每个人都看得清清楚楚，但他却偏偏没有被马蹄踩到。等到这匹马安静下来时，这个人也慢慢地从地上爬了起来，不停地喘着气。

他的脸虽然已因惊惧而变色，看来却还是很平凡，他本来就是个很平凡的人，连一点特殊的地方都没有。

可是傅红雪看着他的时候,眼神却变得更冷酷。

他见过这个人。刚才被拇指一口茶打湿了裤脚的,就是这个人。

明月心忽然笑了笑,道:"看起来你今天的运气真不好,刚才被人打湿了裤子,现在又跌得一身都是土。"

这人也笑了笑,淡淡道:"今天我运气不好,比我运气更坏的人还不知道有多少。今天我倒霉,明天还不知道有多少人比我更倒霉,人生本来就是这样子的,姑娘又何必看得太认真?"

第六章

孔 雀

01

马并未伤人,车并未翻倒。

这个平平凡凡的外来客,也很快就在人丛中消失不见了,就像是一个泡沫消失在大海中,本来是绝对引不起别人注意的。

傅红雪慢慢地抬起头,明月心正在看着他微笑,笑得很奇怪,也很甜。

他却像是突然被抽了一鞭子,突然转过身,奔向车厢。

明月心不但看到了他的惊悸和痛苦,甚至也感到他内心深处那种无可奈何的悲伤。

本已如流水般逝去的往事,本已如轻烟般消散了的人,现在为什么又重回到他眼前?

她忍不住抬起手,轻抚着自己的脸。

那个泥菩萨的面具已在掠出车厢时被摘了下来,她又让他看见了她的脸。

她忽然觉得有点恨自己，恨自己为什么长得如此像那个女人。

她更恨那个女人为什么要给人如此深邃的痛苦。

——人与人之间，为什么总是要彼此伤害？爱得愈深，伤害得也愈重。

她的指尖轻抚到自己眼睑，才发现自己的眼睛已湿了。

这是为了谁？

是为了人类的愚昧？还是为了这个孤独的陌生人？

她悄悄地擦干眼睛，走入车厢时，脸上又已戴上了那个总是笑口常开的面具，心里只希望自己也能像这无忧无虑的胖菩萨一样，能忘记世上所有的悲伤和痛苦，哪怕只忘记片刻也好。

——只可惜人不是神。

——就算神佛，只怕也难免会有他们自己的痛苦，他们的笑脸，也许只不过是故意装出来给世人们看的。

她又在心里安慰着自己。

傅红雪苍白的脸还在抽搐着，她勉强抑制了自己心里的刺痛，忽然道："刚才那个人，你当然也看见过了吧？"

他当然看见过。

明月心道："可是你并没有注意到他，因为他实在太平凡……"

平凡得就像是大海中的一个泡沫，杂粮中的一颗豆子，任何人都不会注意到他的。

可是等到海水灌入你的咽喉时，你就会突然发现，这个泡沫已变成了一根黑色的手指,从你的咽喉里刺入了你的心脏。

明月心叹息着,道:"所以我一直认为这种人最可怕,若不是他刚才自己露出了行迹,也许你直到现在还不会注意他。"

傅红雪承认。

——可是他刚才为什么要故意露出行迹来呢?

明月心道:"因为他要查探我们的行迹。"

拇指一定早已发现了对面马车里有人在窥望,所以故意打湿了他的裤脚,就在赔着笑擦裤脚时,已将消息递给了他。

他故意倒在马蹄下,只因为他知道只有这么样做,车厢里的人才会出来。

明月心苦笑道:"现在我们还没有看出他的来历,他已看见了我们,不出一个时辰,他就会查出燕南飞在什么地方。"

傅红雪忽然问道:"黑手也和燕南飞有仇?"

明月心道:"没有,他们从不会因为自己的仇恨而杀人。"

傅红雪道:"他们只为什么杀人?"

明月心道:"命令。"

只要命令一到,他们立刻就杀人,不管谁都杀!

傅红雪道:"他们也听人的命令?"

明月心道:"只听一个人的。"

傅红雪道:"谁?"

明月心道:"公子羽!"

傅红雪的手握紧。

明月心道:"就凭黑手他们五个人,还没有成立这种组织的力量。"

他们的组织里,几乎已将江湖中所有的刺客和凶手全都网罗,五行双杀和鬼外婆当然也是属于这组织的。

这种人本身行动的收入已很高,要收买他们并不容易。

明月心说道:"普天之下,只有一个人有这种力量。"

傅红雪道:"公子羽?"

明月心道:"只有他!"

傅红雪凝视着自己握刀的手,瞳孔已开始收缩。

明月心也沉默着,过了很久,才缓缓道:"以杀止杀,你刚才本该杀了那个人的。"

傅红雪冷笑。

明月心道:"我知道你从不轻易拔刀,可是他已值得你拔刀。"

傅红雪道:"你认为他就是无名指?"

明月心慢慢地点了点头,道:"我甚至怀疑他就是孔雀。"

傅红雪道:"孔雀?"

明月心道:"孔雀是种鸟,很美丽的鸟,尤其是它的翎……"

傅红雪道:"但你说的孔雀却不是鸟?"

明月心承认:"我说的不是鸟,是人,是个很可怕的人。"

她的瞳孔也在收缩,慢慢地接着道:"我甚至认为他就是天下最可怕的人。"

傅红雪道:"为什么?"

明月心道:"因为他有孔雀翎!"

孔雀翎!

她说到这三个字时,眼睛竟突然露出种敬畏恐惧之色。

傅红雪的脸色居然也变了。

孔雀有翎,正如羚羊有角,不但珍贵,而且美丽。

但他们说的孔雀翎,却不是孔雀的羽毛,而是种暗器!

一种神秘而美丽的暗器。

一种可怕的暗器。

没有人能形容它的美丽,也没有人能避开它,招架它!

在暗器发射的那一瞬间,那种神秘的辉煌和美丽,不但能令人完全晕眩,甚至能令人忘记死的可怕!

据说所有死在这种暗器下的人,脸上都带着种神秘而奇特的微笑。

所以有很多人,都认为他们是心甘情愿地死在这种暗器下的,就好像有些人明知蔷薇有刺,却还是要去采撷。

因为这种辉煌的美,已非人力所能抗拒!

"你当然也知道孔雀翎!"

"我知道。"

"但你却绝不会知道,孔雀翎已不在'孔雀山庄'里。"

傅红雪一向是个很难动声色的人,可是听了这句话,却显得大吃一惊。

他不但知道孔雀翎,而且还到孔雀山庄去过。

当时他的心情,几乎就像是朝圣者到了圣地一样。

那时正是初秋,秋夜。

他从来也没有看到过那么瑰丽、那么庄严的地方,在夜色中看来,孔雀山庄的美丽,几乎接近神话中的殿堂。

"这里一共有九重院落,其中大部分是在三百二十年前建造的,经历了无数代,才总算使这地方看来略具规模。"

接待他的人是"孔雀山庄"庄主的幼弟秋水清。

秋水清是个说话很保守的人。

其实这地方又何止略具规模而已,看来这简直已经是奇迹。

"这的确是奇迹,经过了多次战乱劫火,这地方居然还太平无恙。"

后院的照壁前,悬着十二盏彩灯。

辉煌的灯光,照着壁上一幅巨大的图画——

数十个面目狰狞的大汉,拿着各种不同的武器,眼睛里却充满了惊惶和恐惧。

因为一个白面书生手里的黄金圆筒里,已发出了彩虹般的光芒。

比彩虹更辉煌美丽的光芒。

"这已是多年前的往事,那时黑道上的三十六杀星,为了要毁灭这地方,结下血盟,合力来攻,他们三十六人联手,据说已无敌于天下。"

"可是这三十六人没有一个能活着回去。"

"自从那一役之后,江湖中就没有人敢来轻犯孔雀山庄,孔雀翎这三个字,也从此传遍天下!"

直到此刻,秋水清当时说的话,仿佛还在他耳边响动着。

他做梦也想不到孔雀翎已不在"孔雀山庄"。

"这就是个秘密。"明月心道,"江湖中从来也没有人知道这秘密。"

孔雀翎已被秋家的第十三代主人遗失在泰山之巅!

"这秘密直到现在才渐渐有人知道,因为孔雀翎忽然又在江湖中出现了。"

只出现过两次,只杀了两个人!

被杀的当然都是名重一时的高手,杀人的却不是孔雀山庄的子弟。

"只要孔雀翎存在一天,江湖中就没有人敢来轻犯孔雀山庄,否则这地方就会被毁灭。"

"孔雀山庄三百年的声名,八十里的基业,五百条人命，其实都建筑在一个小小的孔雀翎上！"

可是现在孔雀翎竟已到了一个来历不明的陌生人手里！

傅红雪忍不住问："这个人就是孔雀？"

"是的！"

02

羚羊被捕杀，只因为羚羊有角；坟墓被挖掘，只因为墓中有殉葬的金银。

朴拙的弱者，总比较容易免于灾祸；丑陋的处女，总比较容易保持童贞。

所以也只有最平凡、最无名的人，才能保有孔雀翎这样的武器！

"孔雀"明白这道理。

其实他本来并不是这种人，他本来也像大多数人一样，渴望着财富和名声。

自从他在那个燠热的夏夜里，看见他最钟情的少女被一个富家子压在草地上扭动喘息后，他就下了决心，要得到别人梦想不到的财富和名声。

他得到的东西远比他梦想中更珍贵——他得到的是孔雀翎！

所以他的决心又变了，因为他是个聪明人，他不想象羚羊般被捕杀！

他要杀人!

每当他想起那个燠热的夏夜,想起那女孩在流着汗扭动喘息时的样子,他就要杀人。

今天他并没有杀人!

他并非不想,而是不敢!

面对着那个脸色苍白、眼神冷酷的人,他心里忽然觉得有些畏惧。

自从他有了孔雀翎之后,这是他第一次对一个人生出畏惧之心。

他所畏惧的,并不是那柄漆黑的刀,而是这个拿着刀的人,这个人虽然只不过静静地站在那里,却远比一柄出了鞘的刀还锋利。

看见这个人的眼神,他的心就开始在跳,直等他回到自己的屋子,他的心还在跳。

他心跳也不仅是因为紧张畏惧。

他兴奋!

因为他实在想试一试,试一试孔雀翎是不是能杀得了这个人。

可是他又偏偏没有这种勇气!

一间很简单的屋子,只有一床一几,一桌一椅。

他一进门立刻就倒了下去,倒在床上,又冷又硬的床板,并没有让他冷静下来,他忽然发现自己裤裆里有样东西已连根竖起。

他实在太兴奋,因为他又想杀人,又想起了那个燠热的夏夜……

杀人的欲望竟会引起他性的冲动,这连他自己都觉得很不可思议。

最难受的是,这种冲动只要一被引起来,就无法抑止!

他没有女人。

他从不信任女人,绝不让任何女人接近他,他解决这种事唯一的法子,就是杀人。

只可惜现在他所想杀的人,又偏偏是他不敢去杀的。

这春天的下午,竟突然变得夏夜般燠热,他慢慢地伸出流着汗的手——

现在他只有用手去解决,然后他就伏在床边,不停地呕吐!

流着泪呕吐!

黄昏,将近黄昏,未到黄昏。

一个人悄悄地推开门,悄悄地走进来,身材虽然臃肿且笨拙,行动却轻捷如狸猫。

孔雀还是动也不动地躺在床上,冷冷地看着这个人,他一直不喜欢这个愚蠢的胖子,现在心里更生出种说不出的痛恨。

——这个人只不过是个太监,是个废物,是头猪!

可是这头猪却偏偏不会被性欲折磨,永远都不会尝试到那种被煎熬的痛苦。

看着这张胖胖的笑脸,他几乎忍不住想要一拳打破他的鼻子!

可是他只有忍住。

因为他是他的伙伴,是他的拇指。

拇指还在笑,悄悄在床边的椅子上坐下来,带着笑道:"我就知道你一定有法子引他们出来的,你做的事从来没有失败过。"

孔雀淡淡道:"你看见了他们?"

拇指点点头,道:"女的是明月心,男的是傅红雪。"

傅红雪!

孔雀的手又握紧。

他听过这名字,也知道这个人,更知道这个人手里的刀!

天下无双的快刀!

拇指道:"燕南飞还能活到现在,就因为傅红雪,所以……"

孔雀忽然跳起来,道:"所以要杀燕南飞,一定要先杀傅红雪!"

他的脸已因兴奋而发红,连眼睛都已发红。

拇指吃惊地看着他,从来也没有人见过他如此兴奋激动。

——冷静的孔雀,平凡的孔雀,无名的孔雀,杀人的孔雀。

拇指试探着问道:"你很想杀傅红雪?"

孔雀笑了，淡淡道："我一向喜欢杀人，傅红雪也是人。"

拇指道："但他却不是个普通人，要杀他并不是件容易事。"

孔雀道："我知道，所以我并不想自己动手。"

拇指道："你不动，还有谁敢动？"

孔雀又笑了笑，道："我不动，只因为我不是名人，也不想出名。"

拇指也笑了，眯着眼笑了："你想叫杜雷先去拼命，你好在后面捡便宜？"

孔雀悠然道："无论他们是谁死在谁手里，至少我都不会难受的。"

03

明月心很难受，难受得就像是只已躲在壳里很久都没有出来晒太阳的蜗牛。

她脸上戴的面具，还是去年朝会时买的，做得虽然很精巧，戴得太久了，脸上还是会发痒。

脸上一痒起来，全身上下都不会觉得太舒服。

但她却并不想把这面具摘下来，现在她好像也很怕让傅红雪看见她的脸。

这是种很微妙的感情，非但连她自己都分不清，甚至连想都不愿去想。

他们走进来的时候，斜阳正照在窗前的蔷薇上，雨后的蔷薇，颜色更艳丽。

燕南飞的脸色却苍白如纸。

"燕公子醒过没有？"

"没有。"一直守在燕南飞身畔的，还是那个眼睛大大的小姑娘。

"你喂他吃过药？"

"也没有。"小姑娘抿着嘴，忍住笑，"没有姑娘的吩咐，我连碰都不敢碰他。"

"为什么？"

"因为……"小姑娘终于忍不住笑出来，"因为我怕姑娘吃醋！"

明月心狠狠地瞪了她一眼，转过去问傅红雪："现在是不是已到了应该吃药的时候？"

傅红雪面对着窗户，慢慢地点了点头。

斜阳满窗。

新糊的窗纸边，窗框也是新漆的，亮得就像是镜子。

两扇窗户斜斜支起，下面的一边木框，倒映着一片蔷薇，上面的一边木框，却映着屋子里的倒影——

有那小姑娘的影子，也有明月心的。

明月心正站在床头，手里拿着解药的小瓶，倒出了一颗药，用温水化开。

她一举一动都很小心，仿佛生怕匙里的药会溅出一点儿，减弱了药力。

可是她并没有把这匙药给燕南飞吃下去！

傅红雪还是背对着她们，她悄悄地瞟了他一眼，忽然将一匙药全都倒在那小姑娘的袖子里，然后才扶起燕南飞，把空匙递上他的嘴。

这是什么意思？

她找傅红雪来，为的本是要救燕南飞，可是一只空匙却救不了任何人的。

傅红雪还是静静地站在那里。

他虽然没有回头，面前的窗框却亮如明镜，她的一举一动，他本都应该看得很清楚。

可是他连一点反应都没有。

明月心又悄悄地瞟了他一眼，才慢慢地放下燕南飞，喃喃道："吃过了这次药，再好好地睡一觉，我想他明天早上就应该醒过来了。"

其实她心里当然也知道他绝不会醒的。

她虽然在叹息，那双皎洁如明月的眼睛里，却已露出种诡谲的笑意。

就在这时，门外忽然有人在说："傅大侠有信。"

信封和信纸都是市面上所能买到的，最昂贵的那一种！

信写得很简短，字写得很整齐：

"明日下午，倪家废园，六角亭外，带你的刀来！一个人，一把刀！"

傅红雪几乎用不着再看下面的署名，就知道这封信一定是杜雷写的。

他看得出杜雷是个虽然极有规律,却又喜欢奢侈炫耀的人。

他没有看错。

明月心长长吐出一口气,道:"我知道杜雷一定会找上你的,却想不到他来得这么快!"

傅红雪用一只没有握刀的手,折好这封信,才问道:"倪家废园在哪里?"

明月心道:"就在对面。"

傅红雪道:"很好。"

明月心道:"很好?"

傅红雪冷冷道:"我是个跛子,我不喜欢在决战前走得太远!"

明月心道:"你准备去?"

傅红雪道:"当然。"

明月心道:"一个人去?"

傅红雪道:"一个人,一把刀!"

明月心忽然冷笑,道:"很好,好极了!"

这是句很难让人听懂的话,她的冷笑也很奇特,傅红雪也不懂,却没有问。

明月心道:"今天晚上,你可以好好睡一觉,明天吃过早饭,只要走几步路,就到了倪家废园,一定还有足够的时间,先去看看那里的地形。"

高手相争,先占地利,也是决定胜负的一个重要关键。

明月心道:"杜雷是个什么样的人,你也已观察得很清楚，他却完全不了解你。"

能知己知彼，当然比先占地利更重要。

明月心道："所以这一战你实在已占尽了先机，到时候只要你一拔你的刀，江湖名人榜上，就只剩下十二个人了，就算你并不十分喜欢杀人，这也应该算是件很愉快的事！"

她忽然又冷笑，大声道："可是燕南飞呢？你有没有想到他？"

傅红雪淡淡道："要去决斗的人，并不是他。"

明月心道："要死的人却一定是他！"

傅红雪道："一定？"

明月心道："孔雀和拇指现在一定已知道他的下落，只要你走进倪家废园，他们就会闯进这屋子。"

傅红雪的手又握紧，一根根青筋在他苍白的手背上画出花脉般的条纹。

明月心冷冷地盯着他，冷冷地接着道："也许你以前救过他的命，可是这一次若是没有你，他也许反而会活得长久些。"

傅红雪手背上的青筋更凸出，忽然问了句不该问的话："你真心关心他？"

明月心道："当然。"

她连想都没有想，立刻就回答，回答得很坦然。

刚才把一匙救命的解药倒入小姑娘衣袖的人，好像跟她全无关系。

傅红雪并没有去看她脸上的表情，就算要看，也看不见。

她脸上还戴着那笑口常开的面具。

在这面具下隐藏着的,究竟是个什么样的女人?

又过了很久,傅红雪才缓缓地道:"难道我不该去?"

明月心道:"当然应该去。"

傅红雪道:"可是……"

明月心打断了他的话,道:"可是在你还没有去之前,就应该先把他送到一个安全的地方。"

傅红雪道:"什么地方安全?"

明月心道:"孔雀山庄!"

——世上绝没有任何人能闪避的暗器。

——比彩虹更辉煌美丽的光芒。

傅红雪慢慢地吐出口气,道:"你说过,孔雀翎已不在孔雀山庄。"

明月心道:"不错。"

傅红雪道:"那么,孔雀山庄现在还有什么?"

明月心道:"还有秋水清。"

——一个高大沉默的人。

——一个显赫的名字。

明月心道:"他虽然一向很保守,可是你送去的人,他是绝不会拒绝的!"

傅红雪道:"哦?"

明月心道:"因为他欠你的!"

傅红雪道:"欠我什么?"

明月心道："欠你一条命。"

她不让傅红雪否认，接着又道："你虽然一向很少救人，却救过他，而且救过他两次，一次在渭水之滨，一次在泰山之阴。"

傅红雪不能否认，因为她知道的实在太多。

明月心道："现在他已是孔雀山庄的庄主，他已有足够的力量还债。"

傅红雪道："但是他已没有孔雀翎。"

——孔雀翎若不存在，孔雀山庄也立刻会跟着被毁灭！

明月心道："大家一直都认为，孔雀山庄的基业，完全是建筑在孔雀翎上的，直到现在，大家才知道秋水清这个人远比孔雀翎更可怕。"

傅红雪道："为什么？"

明月心道："孔雀翎已落入外姓手里，这消息在江湖中流传得很快，孔雀山庄的仇家却很多，这两年来，至少已有六批人去袭击过孔雀山庄。"

她慢慢地接着道："这六批人，一共有七十九个，每个人都是一流高手。"

傅红雪："结果呢？"

明月心道："这七十九位高手，一入了孔雀山庄，就好像石沉大海，连一点消息都没有了。"

傅红雪闭上了嘴。

明月心道："最后一批人，是在去年重阳时去的，自从那一次之后，江湖中就没有人敢再妄入孔雀山庄一步。"

傅红雪还是闭着嘴。

明月心用眼角瞟着他,又道:"孔雀山庄距离这里并不远,我们轻车快马赶去,明天正午之前,一定可以赶回来。"

傅红雪既没有答应,也没有拒绝,过了很久,忽然道:"不怕他们在路上拦截?"

明月心道:"江湖中有谁能拦得住你?"

傅红雪道:"至少有一个人。"

明月心道:"谁?"

傅红雪道:"带着孔雀翎的孔雀。"

明月心道:"他绝不敢出手的!"

傅红雪道:"为什么?"

明月心道:"孔雀翎虽然是天下无双的暗器,他这人却不是天下无双的高手,他怕你的刀比他的出手快!"

无论多可怕的暗器,若不能出手,也只不过是块废铁而已。

傅红雪又闭上了嘴。

明月心道:"你若真的不愿让他死在别人手里,现在就应该带我们去。"

傅红雪终于下了决定,道:"我可以带你们去,但却有句话要问你。"

明月心道:"你问吧。"

傅红雪冷冷道:"你若真的关心他,为什么要把他的解药倒在别人衣袖里?"

问完了这句话,他就头也不回地走了出去,好像早已算准了这句话是明月心无法回答的。

明月心果然怔住。

她的确不能回答,也不愿回答。

她只能眼睁睁地看着傅红雪走出去,他走得虽然慢,却没有停下来。

只要一开始走,他就绝不会停下来。

04

斜阳渐渐淡了,淡如月亮。

淡淡的斜阳,正照在燕南飞脸上。

风自远山吹过来,带着木叶的清香,从明月心站着的地方看出去,就可以看到青翠的远山。

但是她却在看着燕南飞。

中毒已深,一直晕迷不醒的燕南飞,居然也睁开了眼睛,看着她。

她居然一点也不奇怪。

燕南飞忽然笑了笑,道:"我说过,我早就说过,要骗他并不容易。"

明月心道:"我也知道不容易,可是我一定要试一试。"

燕南飞道:"现在你已试过了?"

明月心道:"我试过了。"

燕南飞道:"你觉得怎么样?"

明月心轻轻叹了口气,苦笑道:"我只觉得要骗他实在很不容易。"

燕南飞道:"但我却还要试一试!"

明月心的眼睛亮了,燕南飞的眼睛里也在发着光。

他们为什么要欺骗傅红雪?

他们的目的是什么?

夕阳西下。

傅红雪在夕阳下。

夕阳下只有他一个人,天地间也仿佛只剩下他一个人。

他本就是完全孤独的。

第七章

决斗之前

01

傅红雪。

年龄：约三十六七。

特征：右足微跛，刀不离手。

武功：无师承门派，自成一格，用刀，出手极快，江湖公认为天下第一快刀。

身世：家世不详，出生后即被昔年魔教之白凤公主收养，是以精通各种毒杀、暗算之法，至今犹独身未婚，四海为家，浪迹天涯。

性格：孤僻冷酷，独来独往。

杜雷将写着这些资料的一张纸慢慢地推到"拇指"面前，脸上一点表情也没有。

拇指道："你看过了？"

杜雷道："嗯。"

拇指叹了口气，道："我也知道你绝不会满意的，但是这已经是我们所能弄到手的全部资料，对傅红雪这个人，谁也不会知道得更多！"

杜雷道："很好。"

拇指眨了眨眼，试探着问道："这些资料对你有没有用？"

杜雷道："没有。"

拇指道："一点用都没有？"

杜雷慢慢地点了点头，站起来，踱着方步，忽又坐下，冷冷道："你的资料中遗漏了两点，是最重要的两点！"

拇指道："哦？"

杜雷道："他以前曾经被一个女人骗过，骗得很惨。"

拇指道："这女人是谁？"

杜雷道："是个叫翠浓的婊子。"

拇指又叹了口气，道："我总觉得奇怪，为什么越聪明的男人，越容易上婊子的当？"

孔雀忽然插口，冷笑道："因为聪明的男人只喜欢聪明的女人，聪明的女人却通常都是婊子。"

拇指笑了，摇着头笑道："我知道你恨女人，却想不到你恨得这么厉害。"

杜雷冷冷道："看来他一定也上过女人的当。"

孔雀脸色变了变，居然也笑了，改口问道："你说的第二点是什么？"

杜雷道："他有病。"

拇指道:"什么病?"

杜雷道:"羊癫疯。"

拇指的眼睛发亮,道:"他的病发作时,是不是也像别人一样,会口吐白沫,倒在地上打滚?"

杜雷道:"羊癫疯只有一种!"

拇指叹道:"一个有羊癫疯的跛子,居然能练成天下无双的快刀。"

杜雷道:"他下过苦功,据说他每天至少要花四个时辰练刀,从四五岁的时候开始,每天就至少要拔刀一万两千次。"

拇指苦笑道:"想不到你对他这个人知道得比我们还多。"

杜雷淡淡道:"江湖名人榜上的每个人我都知道得很清楚,因为我已花了整整五个月的工夫去搜集他们的资料,又花了五个月的工夫去研究。"

拇指道:"你用在傅红雪身上的工夫一定比研究别人都多。"

杜雷承认。

拇指道:"你研究出什么?"

杜雷道:"他一向刀不离手,只因为他一直用的都是这把刀,至少已用了二十年,现在这把刀几乎已成了他身体的一部分,他使用这把刀,几乎比别人使用自己的手指还要灵活如意。"

拇指道:"但我却知道,他用的那把刀并不十分好。"

杜雷道："能杀人的刀，就是好刀！"

——对傅红雪来说，那把刀，已经不仅是一把刀了，他的人与刀之间，已经有了种别人无法了解的感情。

杜雷虽然没有将这些话说出来，可是他的意思拇指已了解。

孔雀一直在沉思着，忽然道："如果我们能拿到他的刀……"

杜雷道："没有人能拿到他的刀。"

孔雀笑了笑，道："每件事都有例外的。"

杜雷道："这件事没有例外。"

孔雀也没有再争辩，却又问道："他的病通常都在什么时候发作？"

杜雷道："每当他的愤怒和悲哀到了不可忍受时，他的病就会发作。"

孔雀道："如果你能在他病发时出手……"

杜雷沉下脸，冷笑道："你以为我是什么人？"

孔雀又笑了笑，道："我也知道你不肯做这种事的，但我们却不妨叫别人去做，如果我们能找个人先去气气他，让他……"

杜雷霍然长身而起，冷冷道："我只希望你们明白一件事。"

孔雀在听着，拇指也在听着！

杜雷道："这是我与他两个人之间的决斗，无论谁胜谁负，都和别人全无关系。"

拇指忽然问道："和公子也全无关系？"

杜雷扶在刀柄上的手忽然握紧。

拇指道："如果你还没有忘了公子，就至少应该做到一件事。"

杜雷忍不住问道："什么事？"

拇指道："让他等，多等些时候，等到他心烦意乱时你再去。"

他微笑着，又道："这一战你是胜是负，是活是死，我们都不关心，可是我们也不想替你去收尸。"

02

正午，倪家废园。

阳光正照在六角亭的尖顶上，亭外有一个人，一把刀！

漆黑的刀！

傅红雪慢慢地走过已被荒草掩没的小径，手里紧握着他的刀。

栏杆上的朱漆虽然已剥落，花树间的楼台却还未倒塌，在阳光下看来依旧辉煌。

这地方当然也有它辉煌的过去，如今为什么会落得如此凄凉？

一双燕子从远方飞来，停在六角亭外的白杨树上，仿佛还在寻找昔日的旧梦。

只可惜白杨依旧，景物却已全非了。

燕子飞来又飞去,来过几回?去过几回?

白杨不问。

白杨无语!

白杨无情。

傅红雪忽然觉得心在刺痛。

他早已学会白杨的沉默,却不知要等到何时才能学会白杨的无情!

燕子飞去了,是从哪里飞来的燕子?庭园荒废了,是谁家的庭园?

傅红雪痴痴地站着,仿佛也忘了自己的人在哪里?是从哪里来的?

他没有想下去,因为他忽然听见有人在笑。

笑声清悦甜美如莺。

是暮春,草已长,莺却没有飞。

莺声就在长草间。

长草间忽然有个女孩子站起来,看着傅红雪吃吃地笑。

她笑得很美,人更美,长长的头发乌黑柔软如丝缎。

她没有梳头,就这么样让一头丝缎般的黑发散下,散落在双肩。

她也没有装扮,只不过轻轻松松地穿了件长袍,既不像丝,又不像缎,却偏偏像是她的头发。

她看着傅红雪,眼睛里也充满笑意,忽然道:"你不问我为什么笑?"

傅红雪不问。

"我在笑你。"她笑得更甜,"你站在那里的样子,看起来就像个呆子。"

傅红雪无语。

"你也不问我是谁?"

"你是谁?"

傅红雪问了,他本来就想问的!

谁知他刚问出来,这头发长长的女孩子就跳了起来,叫了起来。

"我就在等着你问我这句话。"她跳起来的时候,凶得就像是只被惹恼了的小猫,"你知不知道你现在站着的这块地,是谁家的地?你凭什么大摇大摆地在这块地上走来走去?"

傅红雪冷冷地看着她,等着她说下去。

"这地方是倪家的。"她用一根手指,指着自己的鼻子,"我就是倪家的二小姐,只要我高兴,我随时都可以赶你出去。"

傅红雪只有闭着嘴。

一个人在别人家里晃来晃去,忽然遇见了主人,还有什么好说的。

倪二小姐用一双大眼睛狠狠地瞪着他,忽然又笑了,笑得还是那么甜。

"可是我当然不会赶你出去的,因为……"她眨了眨眼,"因为我喜欢你。"

傅红雪只有听着!

——你可以不喜欢别人，却没法子不让别人喜欢你。

可是这位倪二小姐已经改变了主意："我说我喜欢你，其实是假的。"

傅红雪又忍不住问："你知道我？"

"当然知道！"

"知道些什么？"

"我不但知道你的武功，连你姓什么、叫什么，我都知道！"

她负着双手，得意洋洋地从长草间走出来，斜着眼睛，上上下下地打量着傅红雪。

"别人都说你是个怪物，可是我倒觉得你非但不怪，而且长得还蛮好看的。"

傅红雪慢慢地转过身，走向阳光下的角亭，忽又问道："这地方只剩下你一个人？"

"一个人又怎么样？"她眼珠子转动着，"难道你还敢欺负我？"

"平时你也不在这里？"

"我为什么要一个人待在这种鬼地方？"

傅红雪忽又回头，盯着她："现在你为什么还不走？"

倪二小姐又叫了起来："这是我的家，我要来就来，要走就走，为什么要受别人指挥？"

傅红雪只好又闭上嘴。

倪二小姐狠狠地盯着他，好像很凶的样子，却又忽然笑了："其实我不该跟你吵架的，我们现在就开始吵架，将来怎么得了？"

将来？

你——知不知道有些人是没有将来的？

傅红雪慢慢地走上石阶，遥望着远方，虽然阳光正照在他脸上，他的脸还是苍白得可怕。

他只希望杜雷快来。

她却还是逗他："我知道你叫傅红雪，你至少也应该问问我的名字。"

他不问，她只好自己说："我叫倪慧，智慧的慧，也就是秀外慧中的慧。"她忽然跳过栏杆，站在傅红雪面前，"我爸爸替我取这名字，只因为我从小就很有智慧。"

傅红雪不理她。

"你不信？"她的手叉着腰，头顶几乎已碰到傅红雪的鼻子，"我不但知道你是干什么来的，而且还能猜出你等的是什么人。"

"哦？"

"你一定是到这地方等着跟别人拼命的，我一看你神色就看得出。"

"哦？"

"你有杀气！"

这个年纪小小的女孩子也懂得什么叫杀气？

"我也知道你等的人一定是杜雷。"倪慧说得很有把握，"因为附近几百里地之内，唯一够资格跟傅红雪斗一斗的人，就是杜雷。"

这女孩子知道的确实不少。

傅红雪看着她那双灵活的眼睛，冷冷道："你既然知道，就应该快走！"

他的声音虽冷，眼神却没有平时那么冷，连眼睛的轮廓都仿佛变得温柔了些。

倪慧又笑了，柔声道："你是不是已经开始在关心我？"

傅红雪立刻沉下脸道："我要你走，只不过因为我杀人并不是给人看的！"

倪慧撇了撇嘴，道："你就算要我走，也不必太急，杜雷反正不会这么早来的。"

傅红雪抬起头，日正中天。

倪慧道："他一定会让你等，等得你心烦意乱时再来，你的心愈烦躁，他的机会就愈多。"

她笑了笑，接着道："这也是种战略，像你这样的人，本来早就应该想到的。"

她忽又摇头："你不会想到的，因为你是个君子，我却不是，所以我可以教给你一种法子，专门对付他这种小人的法子。"

什么法子？

傅红雪没有问，也没有拒绝听。

倪慧道："他要你等，你也可以要他等。"

以牙还牙，以其人之道，还治其人之身！

这是个很古老的法子，很古老的法子通常都很有效。

倪慧道："我们可以逛一圈再来，我们甚至可以去下两盘棋,喝两杯酒,让他在这里等你,等得他急死为止。"

傅红雪没有反应。

倪慧道:"我先带你到我们家藏酒的地窖去,如果我们运气好,说不定还可以找到一两坛我姑姑出嫁时留下的女儿红。"

她的兴致很高,他还没有反应,她就去拉他的手——他握刀的手。

没有人能碰这只手。

她纤柔美丽的手指,刚刚碰到他的手,就突然感觉到一种奇异而强大的震荡。

这股震荡的力量,竟将她整个人都弹了出去。

她想站住,已站不稳,终于一跤跌在地上,跌得很重!

这次她居然没有叫出来,因为她眼眶已红了,声音已哽咽:"我只不过想跟你交个朋友,想替你做点事而已,你何必这么样对付我?"

她揉着鼻子,好像随时都可能哭出来。

她看来就像是个很小很小的小女孩,既可怜,又可爱。

傅红雪没有看她,绝没有看,连一眼都没有看,只不过冷冷道:"起来,草里有蛇。"

倪慧更委屈:"我全身骨头都快摔散了,你叫我怎么站得起来。"

她又用那只揉鼻子的手去揉眼睛:"我倒不如索性被

毒蛇咬死算了。"

傅红雪苍白的脸上还是完全没有表情,可是他的人已经往这边走了过来。

他知道他自己刚才发出去的力量——

那并不完全是从他手上发出去的,他的手握着刀,刀上也同样有力量发出。

这柄刀在他手里,本身也仿佛有了生命。

有生命,就有力量。

生命的潜力。

这种力量的强大,几乎已和那种无坚不摧的剑气同样可怕。

他的确不该用这种力量来对付她的!

倪慧蜷曲在草地上,索性用一双手蒙住脸。

她的手又白又小。

傅红雪忍不住伸出手去拉她——伸出的当然是那只没有握刀的手。

她没有抗拒,也没有闪避。

她的手柔软而温暖。

傅红雪已有很久很久未曾接触过女孩子的手。

他克制自己的欲望,几乎比世上所有的苦行僧都彻底。

但他却是个男人,而且并不太老。

她顺从地站了起来,轻轻地呻吟着,他正想扶她站稳,想不到她整个人都已倒在他怀里。

她的身子更温暖,更柔软。

他甚至已可感到自己的心在跳,她当然也可以感觉到。

奇怪的是,就在这同一瞬间,他忽然又有了种很奇怪的感觉。

他忽然觉得有股杀气。

就在这时,她已抽出了一把刀。

一把七寸长的刀,一刀向他腋下的要害刺了过去。

她的脸看来还是像个很小很小的小女孩,她的出手却毒辣得像是条眼镜蛇。

只可惜她这一刀还是刺空了。

傅红雪的人突然收缩,明明应该刺入他血肉的刀锋,只不过贴着他的皮肤擦过!

也就在这同一刹那间,她已发觉自己这一刀刺空了,她的人已跃起!

就像是那种随时都能从地上突然弹起的毒蛇,她的身子刚跃起,就已凌空翻身!

一翻,再一翻,她脚尖已挂住了六角亭的飞檐。

脚上有了着力处,身子再翻出去,就已到了五丈外的树梢。

她本来还想再逃远些的,可是傅红雪并没有追,她也就不再逃,用一只脚站在根很柔软的树枝上,居然还能骂人。

她的轻功实在很高,骂人的本事更高。

"我现在才知道你以前那个女人为什么要甩下你了,因为你根本不是男人,你不但腿上有毛病,心里也有毛病。"

她骂得并不粗野,但每个字都像是一根针,刺入了傅红雪的心。

傅红雪苍白的脸上突然起了种奇异的红晕,手已握紧。

他几乎已忍不住要拔刀。

可是他没有动,因为他忽然发现自己心里的痛苦,并不如想象中那么强烈。

他的痛苦本来就像是烙在牛羊身上的火印一样,永远是鲜明的!

她的每一个笑靥,每一滴眼泪,每一点真情,每一句谎言,都已深烙在他心里。

他一直隐藏得很好。

直到他看见明月心的那一刻——所有隐藏在记忆中的痛苦,又都活生生地重现在他眼前。

那一刻,他所承受的打击,绝没有任何人能想象。

更令他想不到的是,自从那次打击后,他的痛苦反而淡了,本来连想都不敢去想的痛苦,现在已变得可以忍受。

——人心里的痛苦,有时正像是腐烂的伤口一样,你愈不去动它,它烂得愈深,你若狠狠给它一刀,让它流脓流血,它反而说不定会收口。

傅红雪抬起头来时,已完全恢复冷静。

倪慧还在树枝上,吃惊地看着他,他没有拔刀,只不过淡淡地说了句:"你走吧。"

这次倪慧真听话,她走得真快。

03

日色偏西,六角亭已有了影子。

傅红雪没有动,连姿势都没有动。

影子长了,更长。

傅红雪还是没有动。

人没有动,心也没有动。

一个人若是久已习惯于孤独和寂寞,那么对他来说,等待就已不再是种痛苦。

为了等待第一次拔刀,他就等了十九年,那一次拔刀却偏偏既无意义,又无结果!

他等了十九年只为了要杀一个人,为他的父母家人复仇。

可是等到他拔刀时,他就已发现自己根本不是这家人的后代,根本和这件事全无关系。

这已不仅是讽刺。

无论对任何人来说,这种讽刺都未免太尖酸,太恶毒。

但他却还是接受了,因为他不能不接受。

他从此学会了忍耐。

假如杜雷能明了这一点,也许就不会要他等了。

——你要我等你的时候,你自己岂非也同样在等!

世上本就有很多事都像是宝剑的双锋。

——你要去伤害别人时，自己也往往会同样受到伤害。

　　有时你自己受到的伤害甚至比对方更重！

　　傅红雪轻轻吐出口气，只觉得心情十分平静。

　　现在正是未时一刻。

04

　　这阴暗的屋子，正在一条阴暗的长巷尽头，本来的主人是个多病而吝啬的老人，据说一直等到他的尸体发臭时，才被人发觉。

　　孔雀租下了这屋子，倒不是因为吝啬。

　　他已有足够的力量去住最好的客栈，可是他宁愿住在这里。

　　对他说来，"孔雀"这名字也是种讽刺。

　　他的人绝不像那种华丽高贵、喜欢炫耀的禽鸟，却像是只见不得天日的蝙蝠。

　　拇指进来的时候，他正躺在那张又冷又硬的木板床上。

　　屋里唯一的小窗，已被木板钉死，光线阴暗得也正像是蝙蝠的洞穴。

　　拇指坐下来，喘着气，他永远不明白孔雀为什么喜欢住在这里。

　　孔雀连看都没有看他一眼，等他喘气的声音稍微小了些，才问道："杜雷呢？"

拇指道："他还在等。"

孔雀道："我跟他分手的时候，正是未时。"

孔雀又道："他准备再让傅红雪等多久？"

拇指道："我已经告诉了他，至少要等到申时才去。"

孔雀嘴角露出恶毒的笑意，道："站在那鬼地方等两个时辰，那种罪只怕很不好受。"

拇指却皱着眉，道："我只担心一件事。"

孔雀道："什么事？"

拇指道："傅红雪虽然在等，杜雷自己也在等，我只担心他比傅红雪更受不了。"

孔雀淡淡道："如果他死在傅红雪刀下，你有没有损失？"

拇指道："没有。"

孔雀道："那么你有什么好担心的？"

拇指笑了，用衣袖擦了擦汗，又道："我还有个好消息告诉你。"

孔雀在听。

拇指道："燕南飞真的已中了毒，而且中的毒很不轻。"

孔雀道："这消息是从哪里来的？"

拇指道："是用五百两银子买来的！"

孔雀眼睛发亮，道："能够值五百两银子的消息，通常都很可靠了。"

拇指道:"所以我们随时都可以去杀了他。"

孔雀道:"我们现在就去。"

现在正是未时一刻。

05

午时已过去很久,阳光却更强烈炽热,春已渐老,漫长的夏日即将到来。

傅红雪不喜欢夏天。

夏天是属于孩子们的——白天赤裸着在池塘里打滚,在草地上翻筋斗,摘草莓,捉蝴蝶;到了晚上,坐在瓜棚下吃着用井水浸过的甜瓜,听大人们谈狐说鬼,再捕一袋流萤用纱囊装起来,去找年轻的姑姑、阿姨换几颗粽子糖。

黄金般的夏日,黄金般的童年,永远只有欢乐,没有悲伤。

傅红雪却从来也没有过一个真正属于自己的夏天。

他记忆中的夏天,不是在流汗,就是在流血;不是躲在燠热的矮树林里苦练拔刀,就是在烈日沙漠中等着拔刀!

拔刀!

一遍又一遍,永无休止的拔刀!

这简单的动作,竟已变成了他生命中最重要的一部分。

下一次拔刀是在什么时候?

——刀的本身,就象征着死亡。

——拔刀的时刻,就是死亡的时刻。

这次他的刀拔出来,死的是谁?

傅红雪垂下头,凝视着自己握刀的手,手冰冷,手苍白,刀漆黑。

就在这时,他听见了杜雷的脚步声。

这时正是未时三刻。

第八章

决斗

01

后园的角落里有扇小门。

傅红雪是从这扇门进来的,杜雷也是!

他们没有越墙。

小径已被荒草掩没,若是从草地上一直走过来,距离就近得多。

但他们却宁愿沿着曲折的小径走!

他们都走得很慢,可是一开始走,就绝不会停下来。

从某些方面看来,他们仿佛有很多相同的地方。

但他们却绝不是同一类的人,你只看见他们的刀,就可看得出。

杜雷的刀镶满珠宝,光华夺目!

傅红雪的刀漆黑。

可是这两柄刀又偏偏有一点相同之处。

——两柄刀都是刀,都是杀人的刀!

这两个人是不是也同样有一点相同之处?

——两个人都是人，都是杀人的人！

申时还没有到，拔刀的时刻却已到了。

刀一拔出来，就只有死！

不是你死，就是我！

杜雷的脚步终于停下来，面对着傅红雪，也面对着傅红雪手里的那柄天下无双的刀。

他一心要这个人死在他的刀下，可是在他心底深处，最尊敬的一个人也是他！

傅红雪却仿佛还在遥望着远方，远方恰巧有一朵乌云掩住了太阳。

太阳不见了，可是太阳永远也不会死。

人呢？

杜雷终于开口："我姓杜，杜雷。"

傅红雪道："我知道！"

杜雷道："我来迟了。"

傅红雪道："我知道！"

杜雷道："我是故意要你等的，要你等得心烦意乱，我才有机会杀你。"

傅红雪道："我知道！"

杜雷忽然笑了笑，道："只可惜我忘了一点。"

他笑得很苦涩："我要你在等我的时候，我自己也同样在等！"

傅红雪道："我知道！"

杜雷忽又冷笑，道："你什么事都知道？"

傅红雪道:"我至少还知道一件事。"

杜雷说:"你说。"

傅红雪冷冷道:"我一拔刀,你就死。"

杜雷的手突然握紧,瞳孔突然收缩,过了很久,才问道:"你有把握?"

傅红雪道:"有!"

杜雷道:"那么你现在为什么还不拔刀?"

现在刚过未时三刻,乌云刚刚掩住日色,风中刚刚有了一点凉意。

这正是最适于杀人的时候。

02

明月就在明月楼,明月就在明月巷。

拇指和孔雀走进明月巷的时候,恰巧有一阵风迎面吹过来。

好凉快的风。

拇指深深吸了口气,微笑道:"今天正是杀人的好天气,现在也正是杀人的好时候。"

孔雀道:"哦?"

拇指道:"现在杀人之后,还可以从从容容地去洗个澡,再去舒舒服服地喝顿酒!"

孔雀道:"然后再去找个女人睡觉。"

拇指笑得眯起了眼，道："有时我甚至会去找两三个。"

孔雀也笑了笑，道："你说过，明月心也是个婊子。"

拇指道："她本来就是的！"

孔雀道："今天晚上，你想不想找她？"

拇指道："不想。"

孔雀道："为什么？"

拇指并没有直接回答这句话，却缓缓道："婊子也有很多种！"

孔雀道："她是哪一种？"

拇指道："她恰巧是我不想找的那一种！"

孔雀又问道："为什么？"

拇指叹了口气，苦笑道："因为我见过的女人中，最可怕的一个就是她，只要我一闭眼睛，她就会杀了我。"

孔雀道："你若不闭上眼睛呢？"

拇指又叹了口气，道："我不闭上眼睛，她也一样能杀我。"

孔雀道："我知道你的武功很不错。"

拇指道："可是这世上至少还有两个女人可以杀我。"

孔雀道："她就是其中的一个？"

拇指叹息着点了点头。

孔雀道："还有一个是谁？"

拇指道："倪二小姐，倪慧。"

他这句话刚说完,就听见一阵笑声,清脆的笑声,美如银铃。

巷子的两边有高墙,高墙的墙头有木叶。
春深,木叶也深。
笑声就是从木叶深处传出来的!
"死胖子,你怎么知道我听得见你说话?"
"我不知道!"拇指立刻否认。
"那么你为什么要故意拍我的马屁?"
笑声美,人美,轻功的身法更美,她从墙头飘落下的时候,就像是一片云,一片花瓣。
一片刚刚被春风吹落的桃花,一片刚刚从幽谷飞出的流云。
拇指看见她的人影,她的人又不见了。
拇指目送她人影消失在另一边木叶深处,眼睛又笑得眯成了一条线。
"这就是倪二小姐。"
"她为什么忽然而来,又忽然而去?"孔雀忍不住问。
"因为她要我们知道,她比明月心更高。"拇指的目光还留在她人影消失处,"所以我们现在已可以放心去对付燕南飞了。"
"只有一点不懂。"
"哪一点?"
"我们为什么一定要杀燕南飞?"孔雀试探着,"他究竟是个什么人?为什么江湖中从来没有人知道他的身世来历?"

"这一点你最好不要问!"拇指的态度忽然变得很严肃,道,"如你一定要问,就最好先去准备一样东西。"

"你要我先去准备什么?"

"棺材。"

孔雀没有再问,他抬起头来的时候,恰巧有一片乌云掩住了月色。

这片乌云掩住天色的时候,明月心正面对着小窗前的一片蔷薇绣花。

她绣的也是蔷薇,春天的蔷薇。

春已老。

蔷薇也已老。

燕南飞动也不动地躺在床上,脸色苍白得就像是傅红雪。

风在窗外轻轻地吹,风冷了,冷如残秋。

她忽然听见了他们的声音。

他们的脚步声比风还轻,他们说话的声音比风更冷。

"快去叫燕南飞下来。"

"他不下来,我们就上去。"

明月心叹了口气,她知道燕南飞绝不会下来,也知道他们一定会上来的。

因为燕南飞并不想杀他们,是他们想杀燕南飞,所以燕南飞可以舒舒服服地躺在床上,他们却得带着他们的武器,穿街过巷,敲门上楼,匆匆忙忙地赶来,生怕失却了杀人的机会。

——杀人者与被杀者之间,究竟是谁高贵?谁卑贱?谁都没法子答复的。

她又低下头去绣花。

她没有听见脚步声,也没有听见敲门声,可是她知道已有人到了门外。

"进来。"她连头都没有抬,"门上没有闩,一推就开了。"

明明是轻轻一推就可以推开的门,却偏偏没有人推。

"两位既然是来杀人的,难道还要被杀的人自己开门迎接?"

她的声音很温柔,可是听在孔雀和拇指耳里,却仿佛比针还尖锐。

今天是杀人的好天气,现在是杀人的好时刻,他们的心情本来很愉快。

可是现在他们却忽然变得一点也不愉快了,因为被杀的人好像远比他们还要轻松得多,他们却像是呆子般站在门外,连心跳都加快了一倍。

——原来杀人并不是件很愉快的事。

孔雀看看拇指,拇指看看孔雀,两个人心里都在问自己:燕南飞是不是真的已中了毒?屋里是不是有埋伏在等着他们上钩?

其实他们心里也知道,只要一推开这扇门,所有的问题立刻都可以得到答复。

可是他们没有伸手。

"你们进来的时候,脚步最好轻一点。"明月心的声音更温柔,"燕公子中了毒,现在睡得正熟,你们千万不要吵醒他。"

拇指忽然笑了,道:"她是燕南飞的朋友,她知道我们是来杀燕南飞的,却偏偏好像怕我们不敢进去动手,你说这是为了什么?"

孔雀冷冷道:"因为她是个女人,女人本就随时都可以出卖男人的。"

拇指道:"不对。"

孔雀道:"你说她是为了什么?"

拇指:"因为她知道愈是这样说,我们反而会起疑心,反而不敢进去了。"

孔雀道:"你有理,你一向都比我了解女人。"

拇指道:"那么我们还等什么?"

孔雀道:"等你开门。"

拇指道:"杀人的是你。"

孔雀道:"开门的是你。"

拇指又笑了:"你是不是从来都不肯冒险的?"

孔雀道:"是。"

拇指笑道:"跟你这种人合作,实在愉快得很,因为你一定活得比我长,我死了之后,你至少还可以替我收尸。"

他微笑着,用手指轻轻一点,门就开了。明月心还在窗前绣花,燕南飞还是死人般躺在床上。

拇指吐出口气，道："请进。"

孔雀道："你不进去？"

拇指道："你杀人，我开门，我的事已做完了，现在已轮到你。"

孔雀盯着他看了很久，忽然道："有件事我一直都没有告诉你。"

拇指道："哦？"

孔雀冷冷道："我一看见你就恶心，至少已有三次想杀了你。"

拇指居然还在笑："幸好你这次要杀的不是我，是燕南飞。"

孔雀沉默。

所以拇指又把门推开了些，道："请。"

屋子里很安静，也很暗，窗外的月色已完全被乌云掩没。

现在未时已将过去。

孔雀终于走进了屋子，走进来的时候，他的手已缩入衣袖，指尖已触及了孔雀翎。

冰冷而光滑的孔雀翎，天下无双的杀人利器。

他的心里忽然又充满了自信。

明月心抬起头来，看着他，忽然笑了："你就是孔雀？"

孔雀道："孔雀并不可笑。"

明月心道："但是你不像，真的不像。"

孔雀道:"你也不像是个婊子。"

明月心又笑了。

孔雀道:"做婊子也不是件可笑的事。"

明月心道:"另外却有件事很可笑。"

孔雀道:"什么事?"

明月心道:"你不像孔雀,却是孔雀,我不像婊子,却是婊子,骡子明明很像马,却偏偏不是。"

她微笑,又道:"世上还有很多事都是这样子的。"

孔雀道:"你究竟想说什么?"

明月心道:"譬如说,你身上带着的暗器明明很像孔雀翎,却偏偏不是的。"

孔雀大笑了,大笑。

一个人只有在听见最荒唐无稽的笑话时,才会笑得这样厉害。

明月心道:"其实你自己心里也早就在怀疑这一点了,因为你早已感觉到它的威力并不如传说中的那么可怕,所以你才不敢用它去对付傅红雪。"

孔雀虽然还在笑,笑得却已有点勉强。

明月心道:"只可惜你心里存有怀疑,却一直不能证实,也不敢去证实。"

孔雀忍不住道:"难道你能?……"

明月心道:"我能证实,只有我能,因为……"

孔雀道:"因为什么?"

明月心仍淡淡地道:"像你身上带着的那种孔雀翎,我这里还有好几个,我随时都可以再送一两个给你。"

孔雀脸色变了，门外的拇指脸色也变了。

明月心道："我现在就可以再送一个给你，喏，拿去。"

她居然真的一伸手就从衣袖里拿出个光华灿烂的黄金圆筒，随随便便地就抛给了孔雀，就像是抛出一文钱去施舍乞丐。

孔雀伸手接住，只看了两眼，就像是被人一脚踏在小肚子上。

明月心道："你看看这孔雀翎是不是和你身上带着的完全一样？"

孔雀没有回答，也不必回答。

无论谁看见他的表情，都已可猜想到他的回答。

拇指已开始在悄悄地往后退。

孔雀霍然回头，盯着他，道："你为什么不出手杀我？"

拇指勉强笑了笑，道："我们是伙伴，我为什么要杀你？"

孔雀道："因为我要杀你，我本来就要杀你，现在更非杀不可！"

拇指道："但是我却不想杀你，因为我根本不必自己出手。"

他真的笑了，笑得眼睛眯成了一条线："江湖中只有一个人知道你并不是真孔雀，不出三个时辰，你就要变成个死孔雀。"

孔雀冷冷道："只可惜你忘了一件事。"

拇指道:"哦?"

孔雀道:"这孔雀翎纵然是假的,要杀你还是绰绰有余。"

拇指的笑容僵硬,身子扑起。

他的反应虽然不慢,却还是迟了一步。

孔雀手上的黄金圆筒,已有一片辉煌夺目的光华射去。

落日般辉煌,彩虹般美丽。

拇指丑陋臃肿的身子,立刻被掩没在这片辉煌美丽的光华里,又正像是丑陋的泥沙,忽然被美丽的浪潮卷走。

等到这一片光华消失时,他的生命也已被消灭。

一声轻雷,乌云间又有雨点落下。

明月心终于叹了口气,道:"你说得不错,这孔雀翎纵然是假的,也有杀人的威力。"

孔雀已回过头来,盯着她,道:"所以我也可以用它来杀你。"

明月心道:"我知道,连拇指都要杀了灭口,当然更不会放过我。"

孔雀:"你死了之后,就没有人知道这孔雀翎是真是假了。"

明月心道:"除了我之外,这秘密的确没有别人知道。"

孔雀道:"杜雷要等到申时才会去赴约,我杀了你们后,正好赶去,这一战不管他们是谁胜谁负都一样,剩下的那一个，反正都一样要死在我手里。"

明月心叹道："你的计划很周密，只可惜你也忘了一件事。"

孔雀闭上嘴，等着她说下去。

明月心道："你忘了问我，我怎么会知道这孔雀翎是假的。"

孔雀果然立刻就问："你怎么会知道？"

明月心淡淡道："只有我知道这秘密，只因为假造这些孔雀翎的人就是我。"

孔雀又怔住。

明月心道："我既然能造得出这样的孔雀翎，既然随随便便地敢送给你，就当然有破它的把握！"

孔雀脸色发白，手已在发抖。

他能杀人，也许并不是因为他有孔雀翎，而是因为他有一颗充满自信的心，和一双镇定的手。

现在这两样都已被摧毁。

明月心道："第一个孔雀翎，也是我故意让你找到的，我选了很久，才选中你做我的孔雀，因为江湖中比你条件更适合的人不多，所以我也不会随随便便就让你死的，只不过……"

她盯着他，月光般柔美的眼波，突然变得锐利如刀锋："你若想继续做我的孔雀，就得学孔雀一样顺从，你若不信，现在还可以出手。"

孔雀双手紧握，还是忍不住在发抖。

他看着自己这双手，突然弯下腰，开始不停地呕吐！

03

一声轻雷,乌云间忽然有雨点落下。

"我不拔刀,就因为我有把握!"

傅红雪的声音仿佛很远,远在乌云里:"一个人要去杀人的时候,往往就像是去求人一样,变得很卑贱,因为他并没有绝对的把握,所以他才会着急,生怕良机错失。"

他很少说这么多话,他说得很慢,仿佛生怕杜雷受不住。

因为他知道自己说的这些话,每个字都会像刀锋般刺入杜雷的心。

杜雷整个人都已抽紧,甚至连声音都已嘶哑:"你有绝对的把握,所以你不急?"

傅红雪点头。

杜雷道:"你要到什么时候才拔刀?"

傅红雪道:"你拔刀的时候!"

杜雷道:"我若不拔刀呢?"

傅红雪道:"你一定会拔刀的,而且一定会急着拔刀!"

——因为是你想杀我,并不是我想杀你!

——所以你真正死亡的时刻,并不是我拔刀时,而是你拔刀时。

杜雷握刀的手上已凸出了青筋。

他没有拔刀,可是他自己也知道,迟早总会拔刀的!

冰冷的雨点,一滴滴打在他身上,打在他脸上,他面对着傅红雪,面对着这天下无双的刀客,心里竟忽然又想起了他那卑贱的童年。

——大雨滂沱,泥泞满街。

——他赤着脚在泥泞中奔跑,因为后面有人在追逐。

——他是从镖局里逃出来的,因为他偷了镖师一双刚买来的靴子,靴子太大,还没有跑出半条街,就已掉了。

——可是那镖师却还不肯放过他,追上他之后,就将他脱光了绑在树上,用藤条鞭打。

现在他面对着傅红雪,心里竟忽然又有了那种感觉,被鞭打的感觉。

一种无法形容的刺激和痛苦,一种他永远都无法忘记的刺激和痛苦。

雨更大,地上的泥土已变为泥泞。

他忽然脱下了那双价值十八两银子的软底靴,赤着脚,踏在泥泞上。

——傅红雪仿佛已变成了那个用藤鞭打他的镖师,变成了一种痛苦和刺激的象征。

他突然狂吼,撕裂自己的衣裳。

他赤裸着在暴雨泥泞中狂吼,多年的束缚和抑制,已在这一刹那间解脱。

于是他拔刀!

——拔刀时就是死亡时。

于是他死!

死不但是刺激,也是痛苦,这两样事本是他永远都无法同时得到,可是"死"的这一瞬间他已同时获得。

04

雨来得快,停得也快。

小径上仍有泥泞,傅红雪慢慢地走在小径上,手里紧握着他的刀。

刀已入鞘,刀上的血已洗清了,刀漆黑!

他的瞳孔也是漆黑的,又深又黑,足以隐藏他心里所有的怜悯和悲伤。

乌云间居然又有阳光露出来,想必已是今天最后的一线阳光。

阳光照在高墙上,墙后忽然又有人在笑,笑声清脆,美如银铃,却又带着种说不出的讥诮。

倪慧已出现在阳光下:"不好看,一点也不好看。"

——什么不好看?

傅红雪没有问,连脚步都没有停。

可是他走到哪里,倪慧也跟到哪里:"你们打得一点也不好看,我本来想看的,是你的刀法,想不到你用的却是诡计。"

她又解释:"你让杜雷先拔刀,好像是让他一着,其实却是诡计。"

——为什么是诡计？

傅红雪虽然没有问，脚步已停下。

倪慧道："刀在鞘中，深藏不露，谁也不知道它的利钝，刀出鞘后，锋刃已现，谁也不敢轻撄其锋，所以一柄刀只有在将出鞘而未出鞘的时候，才是它最没有价值的时候。"

她接着道："你当然明白这道理，所以你让杜雷先拔刀……"

傅红雪静静地听着，忽然打断她的话："这也是刀法，不是诡计。"

倪慧道："不是！"

傅红雪道："刀法的巧妙各有不同，运用存于一心。"

她的表情很严肃："这就是刀法的巅峰？"

傅红雪道："还不是。"

倪慧道："要做到哪一步才是刀法的巅峰？"

傅红雪又闭上嘴，继续往前走！

阳光灿烂。

最后的一道阳光，总是最辉煌美丽的——有时生命也是如此。

倪慧在墙头痴痴地怔了半天，喃喃道："难道刀法也得到了没有变化时，才是刀法的巅峰？"

灿烂的阳光，忽然间就已暗淡。

——没有变化,岂非就是超越了变化的极限?那么这柄刀的本身,是不是还有存在的价值?

傅红雪心里在叹息,因为这问题连他都无法回答。

——刀为什么要存在?人为什么要存在?

阳光已消失在高墙后,倪慧的人也随着阳光消失了。

——可是太阳依旧存在,倪慧也依旧存在,这一瞬间所消失的,只不过是他们的影像而已——在傅红雪主观里的影像。

傅红雪推开高墙下的小门,慢慢地走出去,刚抬起头,就看见了高楼上的明月心。

05

人在高楼上,傅红雪的头反而垂下。

明月心忽然问:"你胜了?"

傅红雪没有回答,他还活着,就是回答。

明月心却叹了口气,道:"何苦,这是何苦?"

傅红雪不懂:"何苦?"

明月心道:"你明知必胜,又何必去?他明知必死,又何苦来?"

这个费人深思的问题,傅红雪却能解释:"因为他是杜雷,我是傅红雪!"

他的解释也像是他的刀,一刀就切入了这问题的要害。

明月心却还不满意:"是不是因为这世上有了傅红雪,杜雷就得死?"

傅红雪道:"不是。"

明月心道:"那么你的意思是……"

傅红雪道:"这世上有了杜雷,杜雷就得死!"

他的回答看来虽然比问题的本身更费人深思,其实却极简单,极合理。

——没有生,哪里来的死?

——既然有了生命,又怎么能不死?

明月心又不禁叹息,道:"你对于生死之间的事,好像都看得很淡。"

傅红雪并不否认。

明月心道:"对别人的生死,你当然看得更淡,所以你才会把燕南飞留在这里。"

傅红雪沉默着,过了很久,才缓缓问:"孔雀是不是已来过?"

明月心道:"嗯!"

傅红雪道:"燕南飞是不是还活着?"

明月心道:"嗯!"

傅红雪淡淡道:"我留下他,也许只因为我早就知道他不会死的。"

明月心道:"可是你……"

傅红雪打断了她的话,道:"只要你们的主意还没有改变,我答应你们的事也不会改变!"

明月心道:"你答应过什么?"

傅红雪道:"带你们到孔雀山庄去。"

明月心的眼睛亮了:"现在就去?"

傅红雪道:"现在就去。"

明月心跳起来,又回头,嫣然道:"你还要不要我戴上那面具?"

傅红雪冷冷道:"现在你脸上岂非已经戴上了个面具?"

第九章

孔雀山庄

01

人的脸,本身就是个面具,一个能随着环境和心情而改变的面具。

——又有谁能从别人脸上,看出他心里隐藏着的秘密?

——又有什么样的面具,能比人的脸更精巧奇妙?

身份愈尊贵,地位愈高的人,脸上戴着的面具往往令人愈看不透。

明月心看到秋水清时,心里就在问自己:"他脸上戴着的,是个什么样的面具?"

不管那是张什么样的面具,孔雀山庄的主人能亲自出来迎接他们,总是件令人愉快的事。

辉煌而美丽的孔雀翎,辉煌而美丽的孔雀山庄。

碧绿色的瓦,在夕阳下闪动着翡翠般的光,白石长阶美如白玉,从黄金般的高墙间穿过去,这地方就好像完全用金珠宝玉砌成。

园中的樱桃树下,有几只孔雀徜徉,水池中浮着鸳鸯。

几个穿着彩衣的少女,静悄悄地踏过柔软的草地,消失在花林深处,消失在这七彩缤纷的庭园里。

风中带着醉人的清香,远处仿佛有人吹笛,天地间充满了和平宁静。

庄里庄外的三重大门都是开着的,看不见一个防守的门丁。

秋水清就站在门前的白玉长阶上,静静地看着傅红雪。

他是个很保守的人,说话做事都很保守,心里纵然欢喜,也绝不会露于形色。

看见傅红雪,他只淡淡地笑了一笑,道:"我想不到你会来的,可是你来得正好!"

傅红雪道:"为什么正好?"

秋水清道:"今夜此地还有客来,正好不是俗客。"

傅红雪道:"是谁?"

秋水清道:"公子羽。"

傅红雪闭上了嘴,脸上完全没有表情,明月心居然也不动声色。

秋水清看了看她,又看了看被人抬进来的燕南飞:"他们是你的朋友?"

傅红雪没有承认,也没有否认——他们之间究竟是敌是友?本就连他们自己都分不清。

秋水清也不再问，只侧了侧身，道："请，请进！"

两个人将燕南飞抬上长阶，明月心在后面跟着，忽又停下，盯着秋水清，道："庄主也不问问我们是为什么来的？"

秋水清摇摇头。

——你们既然是傅红雪的朋友，我就不必问，既然不必问，就不必开口。

他一向不是个多话的人。

明月心却不肯闭嘴，又道："庄主纵然不问，我还是要说。"

她一定要说，秋水清就听着。

明月心道："我们一来是为了避祸，二来是为了求医，不知道庄主能不能先看看他的病？"

秋水清终于开口，道："是什么病？"

明月心道："心病。"

秋水清霍然转头，盯着她，道："心病只有心药才能医！"

明月心道："我知道……"

这三个字说出口，担架床上的燕南飞忽然箭一般蹿出。

明月心也已出手。

他们一个站在秋水清面前，一个正在秋水清身后。

他们一前一后，同时出手，一出手就封死了秋水清所有的退路！

世上本没有绝对完美无瑕的武功招式，可是他们这一击却已接近完美。

没有人能找得出他们的破绽,也没有人能招架闪避,事实上,根本就没有人能想到他们会突然出手。

他们的行动无疑已经过极周密的计划,这一击无疑已经过很多次训练配合。

于是名震天下的孔雀山庄主人,竟连还手的机会都没有,就在自己的大门外被人制住。

就在这一瞬间,他们已点了他双臂双腿关节间的八处穴道!

秋水清并没有倒下去,因为他们已扶住了他。

他的身子虽然已僵硬,神情却还是很镇定,在这种情况下,还能保持镇定的人,找遍天下也绝不会超过十个。

明月心一击得手,自己掌心也湿了,轻轻吐出口气,才把刚才那句话接着说下去:"就因为我知道心病只有心药才能医,所以我们才来找你。"

秋水清连看都没有看她一眼,只是冷冷地盯着傅红雪。

傅红雪还是全无表情。

秋水清道:"你知道他们是为何而来的?"

傅红雪摇头。

秋水清道:"但你却带他们来了。"

傅红雪道:"因为我也想看看,他们究竟为什么要来?"

两个人只说了三句话,本来充满和平宁静的庭园,忽然就变得充满杀气!

杀气是从四十九柄刀剑上发出来的，刀光剑影闪动，人却没有动。

庄主已被人所胁，没有人敢轻举妄动。

秋水清忽然叹了口气，道："燕南飞，燕南飞，你怎么会做出这种事？"

燕南飞很意外，道："你早已知道我是谁？"

秋水清道："这附近八十里，都是孔雀山庄的禁区，你一入禁区，我就已知道你的来历底细。"

燕南飞也叹了口气，道："看来这孔雀山庄果然不是可以容人来去自如之地。"

秋水清道："就因为我太了解你的来历底细，所以才被你所逞。"

燕南飞道："因为你想不到？"

秋水清道："我实在想不到。"

燕南飞苦笑，道："其实连我自己都想不到。"

明月心抢着道："他这是迫不得已，他实在病得太重了。"

秋水清道："我有救他的药？"

明月心道："你有，只有你。"

秋水清道："那究竟是什么药？"

明月心道："是个秘密。"

秋水清道："秘密？什么秘密？"

明月心道："孔雀翎的秘密。"

秋水清闭上了嘴。

明月心道："这并不完全是要挟，也是交换。"

秋水清道:"用什么交换?"

明月心道:"也是个秘密,也是孔雀翎的秘密。"

02

暮色深沉,灯燃起!

屋子里幽雅而安静,秋水清无疑是个趣味很高雅的人。

只可惜他的客人们并没有心情来欣赏他高雅的趣味,一走进来,明月心立刻说到正题:"其实我也知道,孔雀翎远在你的曾祖秋风梧那一代就已失落了。"

这就是个秘密,江湖中没有人知道的秘密。

秋水清第一次动容,道:"你怎么会知道的?"

明月心道:"因为秋风梧曾经带着孔雀图去找过一个人,求他再同样打造一个孔雀翎。"

孔雀图本身也是个秘密,就是孔雀翎的构造和图形。

谁也不知道是先有孔雀图,还是先有孔雀翎的,可是大家都认为,有了孔雀图,就一定可以同样再打造出来。

明月心道:"但是这想法错了。"

秋水清道:"你怎么知道这想法错了?"

明月心道:"打造机械暗器,也是种很复杂高深的学问。"

那不但要有一双灵敏稳定的手,还得懂得冶金和暗器的原理。

明月心道:"秋凤梧去找的,当然是那时候的天下第一名匠。"

秋水清道:"当时的天下第一名匠,据说就是蜀中唐门的徐夫人。"

唐门的毒药暗器,独步天下四百余年,一向传媳不传女。

徐夫人就是当时唐门的长媳,绣花的手艺和制作暗器,当世号称双绝。

明月心道:"可是徐夫人费了六年心血,连头发都因心力交瘁而变白了,却还是无法再同样打造出一副孔雀翎来。"

秋水清看着她,等着她说下去。

明月心却先拿出了一个光华灿烂的黄金圆筒,才接着道:"在那六年中,她虽然也曾打造成四对孔雀翎,外表和构造,虽然和孔雀图上记载的完全一样,却偏偏缺少了那种神奇的威力。"

秋水清看着她手里的黄金圆筒,道:"这就是其中之一?"

明月心道:"是的。"

秋水清道:"近年来江湖中出现了个叫'孔雀'的人……"

明月心道:"他的孔雀翎,也是其中之一。"

秋水清道:"是你给他的?"

明月心道:"我并没有亲手交给他,只不过恰巧让他能找到而已。"

秋水清道:"因为你故意要让江湖中人知道,孔雀翎已失落了的秘密。"

明月心承认。

孔雀翎既然在别人手里出现,当然就已不在孔雀山庄。

秋水清道:"你为什么要这样做?"

明月心道:"因为我始终在怀疑一件事。"

秋水清道:"什么事?"

明月心道:"孔雀翎本是孔雀山庄的命脉所系,孔雀山庄的历代庄主,都是极仔细而又稳重的人,所以……"

秋水清道:"所以你始终不相信孔雀翎是真的失落了。"

明月心点点头,道:"据说孔雀翎是在秋凤梧的父亲秋一枫手中失落的,秋一枫惊才绝艺,怎么会做出这种粗心大意的事?他故意这么样说,也许只不过为了要考验考验他儿子应变的能力。"

她的推测虽然有理,却一直无法证明。

明月心又道:"所以我就故意泄露了这秘密,让孔雀山庄的仇家子弟找上门来。"

秋水清冷冷道:"来的人还是没有一个能活着回去的。"

明月心道:"所以我就认为我的猜测并没有错,孔雀翎一定还在你手里。"

秋水清又闭上了嘴,一双锐利如鹰的眼睛,却始终在盯着明月心。

明月心又补充着道:"秋风梧以后并没有再去找徐夫人,当然是因为他已找到了孔雀翎。"

秋水清又沉默了很久,才缓缓道:"也许他根本就不该去找她的。"

明月心道:"可是他信任她,徐夫人未嫁之前,他们就已是朋友。"

秋水清冷笑,道:"这世上出卖朋友的人一向不少。"

明月心道:"可是徐夫人并没有出卖他,这秘密除了唐门长房的嫡系子孙外,本没有别人知道!"

秋水清眼睛里的光芒更锐利,道:"你呢?你是唐家的什么人?"

明月心笑了笑,道:"我说出这秘密时,本就已不打算再瞒你。"

她慢慢地接着道:"我就是唐门长房的长女,我的本名叫唐蓝。"

秋水清道:"唐门的子女,怎么会流落在风尘中的?"

明月心道:"唐门用的虽然是毒药暗器,规矩却远比七大门派还森严,唐家的子女,一向不准过问江湖中的事。"

她的声音平静而坚决:"可是我们却决心要出来做一点事。"

秋水清道:"你们的目标是谁?"

明月心道:"是暴力,我们的宗旨只有四个字。"

秋水清道:"反抗暴力?"

明月心道:"不错,反抗暴力!"

她接着又道:"我们既不敢背叛门规,为了行动方便,只有隐迹在风尘里,这三年来,我们已组织成一个反抗暴力的力量,只可惜我们的力量还不够。"

燕南飞道:"因为对方的组织更严密,力量更强大。"

秋水清道:"他们的首脑是谁?"

燕南飞道:"是个该死的人。"

秋水清道:"他就是你的心病?"

燕南飞承认。

秋水清道:"你要用我的孔雀翎去杀他?"

燕南飞道:"以暴制暴,以杀止杀!"

秋水清看着他,再看看傅红雪,忽然道:"拍开我腿上的穴道,跟我来!"

03

走过那幅巨大而美丽的壁画,穿过一片枫林,一丛斑竹,越过一道九曲桥,灯光忽然疏了。

黑暗的院落里,带着种说不出的阴森凄凉之意,连灯光都仿佛是惨碧色的。

和前面那种宫殿般辉煌的楼阁相比,这里就像是另外一个世界。

高大的屋宇阴森寒冷。

屋子里点着百余盏长明灯,阴恻恻的灯光,看来宛如鬼火。

每盏灯前,都有个灵位。

每个灵位上的名字,都是曾经显赫过一时的,有几个人就在不久之前,还是江湖中不可一世的风云人物!

看到这一排排灵位,明月心的表情也变得很严肃。

她知道这些都是死在孔雀翎之下的人,她希望这里能再加一个灵位,一个名字。

"公子羽!"

秋水清道:"先祖们为了怕子孙杀孽太重,所以才在这里设下他们的灵位,超度他们的亡魂!"

然后他就带他们走入了孔雀山庄的心脏,是从一条甬道中走进去的。

曲折的甬道,沉重的铁栅,也不知有多少道!

他们沉默地跟在他身后,只觉得自己仿佛忽然走入了一座古代帝王的陵墓,阴森、潮湿、神秘。

最后的一道铁门竟是用三尺厚的钢板做成的,重逾千斤。

门上有十三道锁。

"十三把钥匙本来是由十三个人分别掌管的,可是现在值得信任的朋友愈来愈少了。"

所以现在已只剩下六个人,都已是两鬓斑白的老人,其中有孔雀山庄的亲信家族,也有曾经在江湖中显赫过一时的武林名宿。

他们的身份和来历不同,但他们的友谊和忠诚却同样能让秋水清绝对信任。

他们的武功当然更能令人信任,秋水清只拍了拍手,六个人就忽然幽灵般出现,来得最快的一个,锐眼如鹰,身法也轻捷如鹰,历尽风霜的脸上刀疤交错,竟仿佛是昔年威震大漠的"不死神鹰"公孙屠。

钥匙是用铁链系在身上的,最后的一把钥匙在秋水清身上。

明月心看着他开了最后一道锁,再回头,这六个人已突然消失,就像是秋氏祖先特地从幽冥中派来看守这禁地的鬼魂。

铁门后是间宽大的石屋,壁上已长满苍苔,燃着六盏长明灯。

灯光阴森,照着四面木架上各式各样奇异的外门兵刃,有的甚至连燕南飞都从未见过,也不知是秋家远祖们用的兵刃,还是他们仇家所用的,现在这些兵刃犹在,他们的尸骨却早已腐朽了。

秋水清又推开一块巨石,石壁里还藏着个铁柜,难道孔雀翎就在这铁柜里?

每个人都屏住呼吸,看着他打开铁柜,恭恭敬敬地取出个雕刻精致的檀木匣。

谁也想不到木匣里装的并不是孔雀翎,而是张蜡黄色的薄皮。

明月心并不想掩饰她的失望,皱起眉道:"这是什么?"

秋水清的表情更严肃恭敬,沉声道:"这是一个人的脸。"

明月心失声道:"难道是从一个人脸上剥下来的皮?"

秋水清点点头,眼神中充满悲伤,黯然道:"因为这个人遗失一样极重要的东西,自觉没有脸再活下去,自尽前留下遗命,叫人把他脸上的皮剥下来,作为后人的警惕。"

他并没有说出这个人的名字,大家却都已知道他所说的是谁了。

秋一枫突然暴毙,本是当时江湖中的一件疑问,到现在这秘密才被秋水清说出来。

明月心只听得全身寒栗一粒粒悚起,过了很久,才长长叹了口气,道:"这种事你本不该说的!"

秋水清沉着脸道:"我本来也不想说,可是我一定要让你们相信,孔雀翎久已不在孔雀山庄里。"

明月心道:"可是最近死在孔雀山庄里的那些人……"

秋水清打断了她的话,冷冷道:"杀人的方法很多,并不一定要用孔雀翎。"

明月心看看木匣中的人皮,想到这个人以死赎罪时的悲壮和惨烈,只希望自己根本没有到这里来过。

燕南飞心里显然也同样在后悔,就在这时,突听

"叮"的一声,铁门已合起!

接着又是"咯、咯、咯……"十三声轻响,外面的十三道锁显然已全都锁上。

明月心脸色变了,燕南飞叹了口气,道:"我们既不该来,也不该知道这秘密,更不该冒渎前辈的英灵,我们本就该死。"

秋水清静静地听着,脸上全无表情。

燕南飞道:"可是我这条命已是傅红雪的,傅红雪并不该死。"

秋水清冷冷道:"我也不该死。"

燕南飞吃惊地看看他,明月心抢着道:"这不是你的意思?"

秋水清道:"不是。"

明月心更吃惊:"是谁在外面把铁门上了锁?这么机密的地方,有谁能进得来?"

秋水清道:"至少有六个。"

明月心道:"但他们都是你的朋友。"

秋水清道:"我说过,这世上出卖朋友的一向不少!"

傅红雪终于开口,道:"六个人中,只要有一个叛徒就够了。"

明月心道:"你说的是谁?"

傅红雪不答,反问秋水清,道:"开第一道锁的是不是公孙屠?"

秋水清道:"是。"

明月心又抢着问:"是不是那个本已应该死过很多次的'不死神鹰'公孙屠?"

秋水清道:"是。"

燕南飞也问道:"他最后一次死战,对手是不是公子羽?"

秋水清道:"是。"

燕南飞看了看明月心,明月心看了看傅红雪,三个人都闭上了嘴。

这问题已不必再问。

公孙屠在公子羽掌下逃生,江湖中本就认为是个奇迹。

他们现在才知道,那并不是奇迹,公子羽故意放了公孙屠,同时也收买了他。

现在唯一应该问的是:"这里有没有第二条出路?"

"没有。"

秋水清回答得很干脆,收藏重宝的密库,本就不该有第二条出路!

明月心吐出口气,整个人都似已虚脱。

这里有三尺厚的铁门,六尺厚的石壁,无论谁被锁在这么样的一间石窟里,唯一能做的事,就只有等死。

燕南飞忽又问道:"这里有没有酒?"

秋水清道:"有,只有一坛,一坛毒酒!"

燕南飞笑了笑,道:"毒酒总比没有酒的好。"

对一个只有等死的人来说,毒酒又何妨?

他找到了这坛酒,拍碎了封泥,忽然间,刀光一闪,酒坛也碎了。

傅红雪冷冷道:"莫忘记你这条命还是我的,要死,也得让我动手。"

燕南飞道:"你准备什么时候动手?"

傅红雪道:"完全绝望的时候。"

燕南飞道:"现在我们还有什么希望?"

傅红雪道:"只要人活着,就有希望!"

燕南飞大笑:"好,说得好,只要我还有一口气,就绝不会忘了这句话。"

傅红雪连一个字都不再说了,却好像忽然对四壁木架上的兵刃发生了兴趣。

他慢慢地走过去,对每一件兵刃都看得很仔细。

阴森的石室,渐渐变得闷热,秋水清吹灭了三盏长明灯,傅红雪忽然从木架上抽出了一根竹节鞭。

纯钢打成的竹节鞭,分量应该极沉重,却又偏偏没有它外表看来那么重!

傅红雪沉吟着,问道:"这件兵器是怎么来的?"

秋水清没有直接回答,先从壁柜中找出本很厚的账簿,吹散积尘,翻过十余页,才缓缓道:"这是海东开留下来的。"

傅红雪又问:"江南霹雳堂的海东开?"

秋水清点点头道:"霹雳堂的火器,本是威慑天下的暗器,可是孔雀翎出现后,他们的声势就弱了,所以海东开纠众来犯,想毁了孔雀山庄,只可惜他还没有出手,就已死在孔雀翎下。"

傅红雪眼睛里忽然发出了光，重复一遍，又问道："他还未出手，就已死在孔雀翎下？"

秋水清又点点头，道："那虽然已是百余年前的往事了，这上面却记载得很清楚。"

明月心道："我也听说过这位武林前辈，我记得他的外号好像是叫作霹雳鞭！"

傅红雪慢慢地点了点头，又开始沿着石壁往前走！

他右手握着刀，左手握着鞭，却闭起了眼睛，他走路的姿态虽怪异，脸上的表情却仿佛老僧已入定。

每个人又都屏住呼吸，看着他，石室中又变得静寂如坟墓。

忽然间，刀光一闪。

这一闪刀光比燕南飞以前所看到的任何一次都亮得多。

这一刀傅红雪显然用出了全力，他虽然还是闭着眼睛，这一刀却恰巧刺入了壁上石块间的裂隙里。

他并不是用眼睛去看的，他是用心在看！

一刀刺出，竟完全没入了石壁。

傅红雪长长吸了一口气，刀锋随着抽出，等到他这口气才吐出时，左手的竹节鞭也已刺出，硬生生插入了刀锋劈开的裂隙里。

就在这时，只听"轰"的一声大震，竹节鞭竟在石壁里爆裂。

用六尺见方的石块砌成的石壁，也随着爆裂，碎石纷飞如雨。

然后一切又归于平静，完整的石壁已碎裂了一片。

傅红雪刀已入鞘，只淡淡地说了句："江南霹雳堂的火器，果然天下无双。"

秋水清、明月心、燕南飞，静静地看着他，眼睛里充满尊敬："你怎么知道这竹节鞭里有火器？"

"我不知道！"傅红雪道，"我只不过觉得它的分量不该这么轻。所以里面很可能是空的，我又恰巧想到了海东开。"

海东开夜袭孔雀山庄那一战，本就是江湖中著名的战役之一。

当年江湖中最著名的七〇二次战役，至少有七次是在孔雀山庄发生的！

孔雀山庄一直奇迹般屹立无恙。可是他们一走出去，就发现曾经劫火仍无恙的孔雀山庄，竟已变作了一片瓦砾——九重院落，三十六座楼台，八十里的基业，都已化为了一片瓦砾！

04

鲜血还没有干透，秋水清就这么样站在血迹斑斑的瓦砾间。

八十里基业，五百条人命，三十代声名，如今都已被毁灭！

也像是奇迹般被毁灭！

秋水清没有动,也没有流泪,这种仇恨已不是眼泪可以洗清的。

现在他只想流血!

可是他看不见造成这灾祸的人,天色阴暗,赤地千里,除了他们四个人外,天地间仿佛已没有别的生命。

燕南飞远远地站着,神情竟似比秋水清更悲苦。

傅红雪已盯着他看了很久,冷冷道:"你在自责自疚,你认为这是你惹的祸?"

燕南飞慢慢地点了点头,几次想说话,又忍住,内心的矛盾挣扎,使得他更痛苦。

他终于不能忍受,忽然道:"这已是第三次了。"

傅红雪道:"第三次?"

燕南飞道:"第一次是凤凰集,第二次是倪家花园,这是第三次。"

他说得很快,因为他已下了决心,要将所有的秘密全都说出来。

"当今天下,武功最高的人并不是你,而是公子羽。"他说得很坦白,"你的刀虽已接近无坚不摧,可是你这个人有弱点。"

"你呢?"傅红雪问。

"我练的是心剑、意剑,心意所及,无所不至,那本是剑法中境界最高的一种,若是练成了,必将无敌于天下。"

"你练不成?"

"这种剑法也像是扇有十三道锁的门,我明明已得到所有的钥匙，可是开了十二道锁之后，却找不到最后一把钥匙了。"

燕南飞苦笑，道："所以我每次出手，总觉得力不从心，有时一剑击出，明明必中，到了最后关头，却偏偏差了一寸。"

傅红雪道："公子羽如何？"

燕南飞说道："他的武功不但已无坚不摧，而且无懈可击，普天之下，也许已只有两样东西能对付他。"

傅红雪道："一样是孔雀翎？"

燕南飞道："还有一样是《天地交征阴阳大悲赋》。"

这本书上记载着自古以来，天下最凶险恶毒的七种武功，据说这本书成时，天雨血，鬼夜哭，著书的人写到最后一个字时，也呕血而死。

傅红雪当然也听过它的传说："可是这本书写成之后，就已失踪，江湖中根本就没有人见过！"

燕南飞道："这本书的确绝传已久，但最近却的确又出现了。"

傅红雪道："在哪里出现？"

燕南飞道："凤凰集。"

一年前他到凤凰集去，就是为了找寻这本书，傅红雪恰巧也到了那里。

燕南飞道："那时我认为你一定也是为了这本书去的，认为你很可能也已被公子羽收买，所以才会对你出手。"

可是他败了。

他虽想杀傅红雪，傅红雪却没有杀他，所以才会发生这些悲惨诡秘而凶险的故事。

燕南飞道："我与你一战之后，心力交瘁，两个时辰后，才能重回凤凰集。"

那时凤凰集竟已赫然变成了个死镇，无疑已被公子羽的属下洗劫过！

可是他并没有得手，所以才会有第二次惨案发生。

燕南飞道："当天早上，倪氏七杰中曾经有四位到过凤凰集，他们匆匆而来，匆匆而去，本没有引起别人注意，但是我却忍不住想去找他们，打听打听消息，想不到我这一去，竟使他们惨淡经营了十三代的庭院，变成了个废园。"

他想了想，又补充着道："也就在那天，我初次见到明月心，那时她才搬去还不到五天。"

傅红雪双拳握紧，过了很久，才缓缓道："你虽然至今还没有见过这本《大悲赋》，却已不知有多少人因此而家破人亡了。"

燕南飞也握紧双拳，道："所以我更要杀了公子羽，为这些人复仇雪恨。"

傅红雪道："所以他也非杀了你不可。"

他们没有再说下去，因为这时秋水清已慢慢地走了过来。

他脸上还是全无表情，甚至连那双锐利的眼睛也已变得空虚呆滞。

他站在他们面前，就像是个木头人般站了很久，才梦呓般喃喃道："秋家的人都已死了，但他们的尸体全在，其中只少了一个人。"

傅红雪道："公孙屠？"

秋水清点点头，道："要杀光秋家的人并不容易，他们一定也有伤亡，但却已全都被带走！"

燕南飞忍不住道："这些人做事，一向干净利落，不留痕迹。"

傅红雪道："可是这么多人总不会突然消失的，无论他们怎么走，多少总有些线索留下。"

秋水清看着他，目中露出感激之色，忽然又道："我的妻子多病，我在城里还有个女人，她现在已身怀六甲，若是生下个儿子来，就是我们秋家唯一的后代。"

他慢慢地接着道："她姓卓，叫卓玉贞，她的父亲叫卓东来，是个镖师。"

傅红雪静静地听着，每句话都听得很仔细。

秋水清长长吐出口气，道："这些事本该由我自己料理的，可是我已经不行了，若是再忍辱偷生，将来到了九泉下也无颜再见我们秋家的祖先。"

燕南飞叫起来，厉声道："你不能死，难道你不想复仇？"

秋水清忽然笑了笑，笑得比哭还悲惨："复仇？你要我复仇？你知不知道公子羽是个什么样的人？你知不知道他有多大力量？"

燕南飞当然知道，没有人能比他知道得更多。

除了历史悠久的七大剑派和丐帮外，江湖中其他三十九个势力最庞大的组织，至少有一半和公子羽有极密切的关系，其中至少有八九个是由公子羽暗中统辖的。

江湖中的一流高手，被他收买了的更不知有多少，他贴身的护卫中，有一两个人的武功更深不可测。

燕南飞正准备将自己知道的都说出来，秋水清却已不准备听了！

他还是动也不动地站着，耳鼻七窍中，却突然同时有一股鲜血溅出。

他倒下去时，远方正传来第一声鸡啼。

05

孔雀山庄两面依山一面临水。山势高峻，带着伤亡的人绝对无法攀越，水势湍急，连羊皮筏子都不能渡。

孔雀山庄中禁卫森严，不乏高手，要想将他们一举歼灭，至少也得要有三五十个一流好手。

就算这些人是渡水翻山而来的，走的时候也只有前面一条退路！

前面一片密林，道路宽阔，却完全找不到一点新留下的车辙马迹，也没有一点血痕足印。

明月心咬着牙，道："不管怎么样，今天我们一定要找到第三个人。"

傅红雪道："除了卓玉贞和公孙屠外还有谁？"

明月心道:"孔雀,我已收服了他,要他回去卧底,他一定能够告诉我们一点线索。"

燕南飞冷冷道:"只可惜他说的每条线索,都可能是个圈套。"

明月心道:"圈套?"

燕南飞道:"他怕你,可是我保证他一定更怕公子羽,若不是他泄露了我们的秘密,公子羽怎么会找到孔雀山庄来,而且来得这么巧。"

明月心恨恨道:"如果你的推断正确,我更要找到他。"

傅红雪道:"但我们第一个要找的不是他,是卓玉贞。"

没有人知道卓玉贞,卓东来却是个很有名的人——有名的酒鬼。

现在他就已醉了,醉倒在院子里的树荫下,可是,一听见秋水清的名字,他又跳起来大骂:"这老畜生,我当他是朋友,他却在背地把我女儿骗上了手——"

他们并没有塞住他的嘴,他骂得愈厉害,愈可以证明这件事情不假,只要能替秋水清保留下这一点骨血,他就算再骂三天三夜也无妨。

可是他的女儿却受不了,竟已被他骂走了,她闺房里的妆台上压着一封信,一个梳着长辫的小姑娘伏在妆台上哭个不停。

信上写的是:"女儿不孝,污辱了家门,为了肚子里这块肉，又不能以死赎罪……"

小姑娘说的是："所以小姐就只好走了，我拉也拉不住。"

"你也不知道她去了哪里？"

"我若知道，我早就找去了，怎么会留在这里。"

屋子里若有了个醉鬼，谁也不愿意留下来的，所以他们也只好走！

但他们却还是非找到卓玉贞不可，人海茫茫，你叫他们到哪里去找？

明月心忽然道："有个地方一定可以找得到。"

燕南飞立刻问："什么地方？"

明月心道："她父亲既然不知道这件事，秋水清一定准备了个地方作为他们平日的幽会处。"

连那些小布店的老板都可以在外面找个藏娇的金屋，何况孔雀山庄的庄主。

只可惜这地方一定很秘密。"秋水清一向是个很谨慎的人，这种事除了他们自己外，还有谁知道？"

"一定还有个人知道！"

"谁？"

"那个梳着大辫子的小姑娘。"明月心说得很有把握，"小姐和贴身丫头间的感情有时就好像姐妹一样，我若做了这种事，一定也瞒不过星星的！"

星星就是她的贴身丫头。

"那小姑娘一脸鬼灵精的样子，刚才只不过是做戏给我们看的，用不了半个时辰，她一定会偷偷地找去。"

她没有说错。

果然还不到半个时辰,这小姑娘就偷偷地从后门里溜了出来,躲躲藏藏地走入了左面一条小巷。

明月心悄悄地盯着她,傅红雪和燕南飞盯着明月心。

"一个未出嫁的黄花闺女行动总是不大方便的,所以他们幽会的地方,一定距离她家不远!"

这点明月心也没有说错,那地方果然就在两条弄堂外的一条小巷里,高墙窄门,幽幽静静的一个小院子,院子里有棵银杏树,墙头上摆着十来盆月季花。

门没有闩,好像就是为了等这位小姑娘,她四下张望了两眼,悄悄地推门走进去,才将门儿闩起。

月季花在墙头飘着清香,银杏树的叶子被风吹得簌簌地响,院子里却寂寂无人声。

"你先进去,我们在外面等!"

明月心早就知道这两个男人绝不肯随随便便闯进一个女子私宅的,因为他们都是真正的男人,男人中的男人。

他们看着她越入高墙,又等了半天,月季花还是那么香,静寂的院子里却传出一声惊呼。

是明月心的呼声。

明月心绝不是个很容易被惊吓的女人。

银杏树的浓荫如盖,小屋里暗如黄昏,那个梳着大辫子的小姑娘伏在桌上,一条乌油油的大辫子缠在她自己咽喉上,她的手足已冰冷。

明月心的手足也是冰冰冷冷的:"我们又来迟了一

步。"

小姑娘已被勒死,卓玉贞已不见了。

没有人会用自己的辫子勒死自己的,这是谁下的毒手?

燕南飞握紧双拳:"秋水清和卓玉贞的这段私情,看来并不是个没有别人知道的秘密。"

所以公子羽的属下又比他们早到了一步!

傅红雪脸色苍白,眼睛里却露出红丝。

他在找,他希望这次下手的人在仓促中造成了一点疏忽。

只要有一点疏忽,只要留下了一点线索,他就绝不会错过!

这次他却几乎错过了,因为这线索实在太明显。

妆台上有面菱花镜,有人在镜上用胭脂写了三个字,字迹很潦草,显然是卓玉贞在仓促中留下来的,绑走她的人也没有注意。

为什么明显的事,人们反而愈不去注意?

血红的胭脂,血红的字:"紫阳观!"

06

紫阳观是个很普通的名字,有很多道观都叫紫阳观,恰好这城里只有一处。

"她怎么知道他们要带她到紫阳观去?"

"也许是在无意中听见的,也许那些人之中有紫阳观的道士,她生长在这里,当然认得。"

不管怎么样,他们好歹都得去看看,就算这是陷阱,他们也得去。

紫阳观的院子里居然也有棵浓荫如盖的银杏树,大殿里香烟缭绕,看不见人影,可是他们一到后院,就听见了人声。

冷清清的院子,冷冰冰的声音,只说了两个字:"请进!"

声音是从左边一间云房中传出来的,里面的人好像本就在等着他们。

看来这果然是个圈套。可是他们又几时怕过别人的圈套?

傅红雪连想都没有想,就走了过去,门是虚掩着的,轻轻一推就开了。

屋里有四个人。

只要他认为应该做这件事,只要他的刀在手,纵然有千军万马在前面等着,他也绝不退缩半步,何况是四个人!

四个人中,一个在喝酒,两个在下棋,还有个白衣少年在用一柄小刀修指甲。

屋里还没有燃灯,这少年的脸色看来就像是他的刀,白里透青,青得可怕。

下棋的两个人,果然有个是道士,须发虽已全白,脸色却红润如婴儿,另外一个人青衣白袜,装束简朴,手上一枚扳指,却是价值连城的汉玉。

傅红雪的瞳孔突然收缩,苍白的脸上突然泛起异样的红晕。

因为刚才低着头喝酒的人,此刻正慢慢地扬起脸。

看见了这个人的脸,明月心的手足立刻又冰冷。

一张刀痕纵横的脸,锐眼鹰鼻,赫然竟是"不死神鹰"公孙屠!

他也在看着他们,锐眼中带着种残酷的笑意,道:"请坐。"

云房中果然还有三张空椅,傅红雪居然就真的坐了下来。

在生死决于一瞬间的恶战前,能够多保存一分体力也是好的。

所以燕南飞和明月心也坐了下来,他们也知道现在已到了生死决于一瞬的时候。

第十章

一刀赌命

01

院子里的银杏树在风中簌簌作响,棋盘落子声幽雅如琴弦,修指甲的白衣少年脸上全无表情,下棋的人更连头都没有抬起。

明月心忍不住道:"我们并不是来看人下棋的。"

公孙屠道:"我知道你们是来找我的,我就是血洗孔雀山庄的人,你们并没有找错。"

明月心的手握紧,指甲已刺入肉里,道:"他们三位呢?"

公孙屠没有直接回答,却先引见了那个修指甲的白衣少年。

"这位就是洛阳萧家的四无公子。"他显得像是在示威,"四无的意思,就是飞刀无敌、杀人无算、翻脸无情。"

"还有一无呢?"

"就是不翻脸也无情。"公孙屠道,"他还有个很长很奇怪的名号，叫作：上天入地寻小李，一心一意杀叶开。"

昔年小李飞刀威慑天下，飞刀一出，例不虚发，他的光辉和伟大，至今无人能及。

叶开得自他真传，谈笑江湖三十年，虽然没有妄杀过一个人，却也没有一个人敢轻犯他。

明月心道："这位无心的公子不但有把握可以杀叶开，还要找小李探花比一比高下？"

公孙屠道："好像是的。"

明月心也笑了："他的口气好大。"

公孙屠道："口气大的人，本领通常也不会小。"

明月心道："好像是的。"

公孙屠微笑道："其实不对？"

明月心笑道："口气愈大，本领愈小，江湖中岂非有很多人都是这样子的？"

公孙屠的笑像是在挑拨，她的笑却完全是在挑战，这句话她本就是对着萧四无说的。

这傲慢的少年却好像根本没有听见她在说什么，脸上还是全无表情。他手上的刀也动得很慢，每一个动作都极小心，好像生怕划破了自己的手。

他的手干燥稳定，手指长而有力。

傅红雪从未注意过别人的手，现在却在注意他的，每一个动作都观察得很仔细。

修指甲并不是件很有趣的事，并不值得看。

萧四无却仿佛被看得很不安，忽然冷冷道："看人修指甲，就不如看人下棋。"

公孙屠笑道："尤其下棋的这两位，都是当今天下的大国手。"

明月心眨了眨眼，道："这位道长就是紫云观的大老板？"

公孙屠好像又想挑拨，故意问道："道观中哪有大老板？"

明月心笑道："在道观里观主就是大老板，在妓院里老鸨儿就是大老板，'大老板'这名称本就是各种人都可以用的。"

白发人刚拈起一颗棋子，忽然抬头向她笑了笑，道："不错，我就是这里的大老板。"

明月心嫣然道："最近这里生意怎么样？"

白发道人道："还过得去，无论什么时候，总有些愚夫愚妇来上香进油的，何况每年的春秋佳日，都正好是我们这行的旺季。"

他说话的口气居然也好像真的是个大老板了。

明月心笑得更愉快，道："大老板本来是无趣的多，想不到你这位大老板竟如此有趣。"

白发道人道："我本就是个百无禁忌的人。"

他也笑得很愉快，明月心的笑却忽然变得有些勉强："百无禁忌？大老板你贵姓？"

白发道人道："我姓杨。"

明月心道："杨无忌？"

白发道人道："好像是的。"

明月心忽然笑不出了。

她知道这个人——三十年前，杨无忌就已是和武当掌门、巴山道士齐名的"方外七大剑客"之一。

她已知道江湖中用来形容这道人的四句话——第一句是"百无禁忌"，最后一句也是。

这四句话知道的人很不少。

"百无禁忌，一笑杀人，若要杀人，百无禁忌。"

据说，这道人若是冷冷冰冰地对你，反而拿你当作个朋友，若是对你笑得很和气，通常就只有一种意思——他要杀你！

据说他要杀人时，不但百无禁忌，六亲不认，而且上天入地，也非杀了你不可。

刚才他就笑了，现在还在笑。他准备什么时候出手？

明月心盯着他，连一刹那都不敢放松。

谁知杨无忌却又转过头，"叮"的一响，手指拈着的棋子已落在棋盘上。

这一颗子落下，他就拂袖扰乱了棋局，叹道："果然是一代国手，贫道认输了。"

青衣白袜的中年人道："这一着只不过是被人分了心而已，怎么能算输？"

杨无忌道："一着下错，满盘皆输，怎么不算输？何况下棋正如学剑，本该心无二用，若是被人分了心，怎么能算高手？"

公孙屠笑道："幸好道长下棋时虽易被分心，出剑时却总是一心一意的。"

杨无忌淡淡道:"幸好如此,所以贫道至今还能偷生于人世。"

青衣白袜的中年人却叹了口气,道:"不幸的是,我下棋时虽能一心一意,对剑时一颗心就变得乱如春草般。"

明月心道:"你贵姓?"

青衣人道:"不能说,不能说。"

明月心道:"为什么不能说?"

青衣人道:"因为我本来就是个无名之辈,我只不过是个棋童而已。"

明月心道:"棋童,谁的棋童?"

燕南飞忽然笑了笑,道:"棋童的主人,当然是公子。"

青衣人好像刚看见他,立刻也笑了笑,拱手道:"原来是燕公子。"

燕南飞道:"只可惜我不是你的公子。"

青衣人微笑道:"公子近来可曾着棋?"

燕南飞道:"逃命还来不及,哪有工夫着棋?"

青衣人笑道:"在下却是为了着棋,连命都不要了,又何必再去逃命?"

燕南飞大笑,青衣人微笑,原来这两个人本来就认得的。

棋童已如此,他的公子是个什么样的人?

燕南飞又问道:"你的公子近来可曾着棋?"

青衣人道:"不曾。"

燕南飞微笑道："他不曾着棋，想必不是为了逃命，他只要人的命。"

青衣人大笑，燕南飞微笑，他们说的这个人是不是公子羽？

燕南飞和公子羽本来也是朋友？

青衣人又拱了拱手，道："公子再坐坐，在下告辞。"

燕南飞道："你为何不再坐坐？"

青衣人道："我是来着棋，无棋可着，为何要留下？"

燕南飞道："为着杀人！"

青衣人道："杀人？谁想杀人？"

燕南飞道："我！"

他忽然沉下脸，冷冷地看着公孙屠："我要杀的人就是你。"

公孙屠一点也不意外，却叹了口气，道："为什么人人都要杀我？"

燕南飞道："因为你杀人杀得太多。"

公孙屠淡淡道："要杀我的人也不少，我却还活着。"

燕南飞道："你已活得太长了，今日只怕已到了死期。"

公孙屠悠然道："今日本就是死期，却不知是谁的死期？"

燕南飞冷笑，同时已亮出了衣下的剑，蔷薇剑！

这柄软剑平时居然能像腰带般藏在衣下,柔软的皮鞘也不知是用什么硝红的,红得像是春天的蔷薇。

看到这柄剑,公孙屠眼睛里也不禁露出尊敬之色:"我知道这柄剑,百炼千锤,可柔可刚,果然是天下少见的利器!"

燕南飞道:"我也知道你的钩,你的钩呢?"

公孙屠笑了笑,道:"你几时见过用钩采花的?"

燕南飞道:"采花?"

公孙屠道:"蔷薇难道不是花?"

青衣人忽然道:"你若想采蔷薇,就不该忘了蔷薇有刺,不但会刺伤人的手,也会刺伤人的心。"

公孙屠道:"我已无心可伤。"

青衣人道:"但是你还有手可伤。"

公孙屠又笑了笑,悠然道:"他伤我的手,我就伤他的心。"

青衣人道:"用什么伤他的心?"

公孙屠道:"用人。"

青衣人道:"什么人?"

公孙屠道:"卓玉贞。"

青衣人道:"他伤你,你就杀卓玉贞?"

公孙屠点点头,道:"卓玉贞不能死,所以我也不能死,能死的只有他!"

青衣人道:"这一战你岂非已立于不败之地?"

公孙屠道:"本来就是的。"

他微笑着,看着燕南飞:"所以现在你总该明白,今日究竟是谁的死期？"

燕南飞道："你的！"

他冷冷地接着道："死人才不能杀人，我要让卓玉贞活着，更非杀了你不可！"

公孙屠叹了口气，道："看来你还是不太明白，只因为我刚才说了句话你没有听见。"

青衣人道："我听见了。"

公孙屠道："我说的是什么？"

青衣人道："你说只要你一见血，就要他立刻杀了卓玉贞。"

公孙屠道："我是对谁说的？"

青衣人道："我不认得那个人，只知道你叫他'食指'！"

公孙屠道："现在他的人呢？"

青衣人道："带着卓玉贞走了。"

公孙屠道："到哪里去了？"

青衣人道："我不知道！"

公孙屠道："谁知道？"

青衣人道："好像没有人知道！"

公孙屠道："本来就没有人知道！"

他又微笑着，看着燕南飞："现在你是不是已完全明白。"

燕南飞点点头，居然还能不动声色。

公孙屠道："今日是谁的死期？"

燕南飞道："你的。"

公孙屠摇头苦笑,道:"看来这人不但真倔强,而且真蠢,居然到现在还不明白。"

燕南飞道:"不明白的是你,因为你千算万算,还是忘了一点。"

公孙屠道:"哦?"

燕南飞道:"你忘了我不能死,更不想死,何况,我若死了,卓玉贞还是救不回来,所以我为什么要让你杀我?为什么不能杀你?"

公孙屠怔了怔,道:"既然大家都不能死,你说应该怎么办?"

燕南飞道:"亮你的钩,对我的剑,十招之内,我若不能胜你,我就送你一条命!"

公孙屠道:"谁的命?"

燕南飞道:"我的。"

公孙屠道:"你若胜了我,我也得送你一条命?"

燕南飞道:"当然。"

公孙屠道:"你要谁的命?卓玉贞的?"

燕南飞道:"我要看着你将她恭恭敬敬地送到我面前。"

公孙屠沉吟着,又去问那青衣人,道:"这句话是不是燕南飞亲口说的?"

青衣人道:"是。"

公孙屠道:"燕南飞是不是个守信的人?"

青衣人道:"一诺千金,死而无悔。"

公孙屠忽又笑了,大笑道:"其实我说来说去,为的就是要等他说这句话。"

他的笑声停顿时,钩已在手。

02

雪亮的钩,亮如鹰眼,利如鹰喙,分量虽沉重,变化却轻巧。

公孙屠微笑道:"你知不知道这柄钩的好处在哪里?"

燕南飞道:"你说。"

公孙屠轻抚钩锋,道:"这柄钩虽重,但是在斗室之中,也可以运用自如,却不知你的剑如何?"

燕南飞道:"我若被你逼出此室,也算输了。"

公孙屠大笑,道:"好,你还不拔剑?"

燕南飞道:"不必拔剑。"

公孙屠道:"不必?"

燕南飞道:"剑在鞘中,也同样可以杀人,又何必拔剑?拔出来后,反而未必能杀人了。"

公孙屠道:"为什么?"

燕南飞道:"因为这柄剑最可怕之处,本不在剑锋,而在剑鞘。"

公孙屠不懂:"难道剑鞘比剑锋还利?"

燕南飞轻抚着鲜红的剑鞘,道:"你知不知它是用什么染红的?"

公孙屠不知道。

燕南飞道:"是用'血蔷薇'的花汁。"

公孙屠显然也不知道什么是血蔷薇,他根本从来也没有听说过。

燕南飞道:"血蔷薇就是用五种毒血灌溉成的蔷薇。"

公孙屠道:"五种毒血?哪五毒?"

燕南飞道:"七寸阴蛇,百节蜈蚣,千年寒蚿,赤火毒獗。"

公孙屠道:"还有一种呢?"

燕南飞冷冷道:"还有一种就是那些不忠不义的叛徒贼子!"

公孙屠这次居然没有笑出来。

燕南飞道:"蔷薇剑要杀的就是这五毒,若是遇见孝子忠臣、义气男儿,这柄剑的威力根本就发挥不出。"

公孙屠冷笑道:"剑鞘的威力?"

燕南飞不否认,道:"若是遇见了五毒,血蔷薇的花魂就会在剑上复活。"

他盯着公孙屠:"你若是这五毒之一,这时你就会嗅到一种神秘而奇异的香气,血蔷薇的花魂就会在不知不觉中摄去你的魂魄。"

公孙屠大笑,脸上每一条刀疤都笑得扭曲蠕动起来,就像是一条条毒蛇。

燕南飞道:"你不信?"

公孙屠道:"你的剑上有花魂,我的钩上也有。"

燕南飞道："有什么？"

公孙屠道："厉鬼冤魂。"

他的笑声撕裂，笑容狰狞："也不知有多少条死在这柄钩下的厉鬼冤魂，都正在等着我为他们找个替死鬼，好让他们早早超生。"

燕南飞道："我相信，我也可以想象到，他们最想找的就是你。"

公孙屠道："你为何还不出手？"

燕南飞道："我已出手！"

公孙屠笑容消失，脸上的毒蛇就像忽然同时被人捏住了七寸，立刻僵死。

燕南飞的剑果然已开始在动，他动得很慢，动作中带着种奇异的韵律，就仿佛蔷薇的花瓣在春风中开放，完全看不出一点可以致命的威力。

公孙屠冷笑，钩已击出。他的出手快而准，多年来的无数次生死恶战，已使得他完全摒绝了那些繁复花哨的招式。他每一招击出，都绝对有效。

可是他的招式忽然就被卷入了蔷薇剑那种奇妙的韵律里，就好像锋利的贝壳被卷入海浪。

潮退的时候，他所有的攻击都已消失了威力。

然后他就嗅到了一种神秘的香气，眼前忽然变得一片鲜红，除了这片鲜红的颜色外，别的都已看不见了，又像是忽然有一道红幕在他眼前垂下。

他的心弦震动，想用手里的钩去挑开这片红幕，去刺穿它，可是他的反应已迟钝，动作已缓慢，等到这片鲜红消失时，蔷薇剑已在他咽喉上。

他忽然觉得喉咙发干，满嘴苦涩，而且很疲倦，疲倦得几乎要呕吐。

"叮"的一响，他的钩已落在地上。

杨无忌长长吐出口气，显然刚才也同样能感受到剑上那种神秘的压力。

他学剑四十年，居然看不出燕南飞用的是什么剑法。

青衣人也吐出口气，喃喃道："这就是心剑？剑上真的有花魂复活？"

燕南飞道："还没有复活，只不过偶然苏醒了一次而已。"

青衣人动容道："若是真的复活了呢？"

燕南飞神情严肃，缓缓道："花魂复活，凤愿得偿，我也就死而无憾了。"

青衣人道："花魂复活时，必有人死？"

燕南飞道："必死无疑。"

青衣人道："什么人死？"

燕南飞道："至少有两个人，一个是我，还有一个是……"

他没有说下去，青衣人也没有催促他说下去。

两个人脸上忽然同时露出种很奇怪的表情，忽然同时笑了。

燕南飞笑得更愉快。

蔷薇剑仍在公孙屠的咽喉上，他知道一定很快就能见到卓玉贞的。

"套车，备马，先叫人送卓姑娘上车，再送我们出去。"

他的条件公孙屠完全答应。

明月心微笑着站起来，心里也不禁松了口气，这一次他们总算没有失败。

萧四无还在修他的指甲，他的手还是同样稳定，冷酷的眼睛里却已露出了焦躁之意。

因为傅红雪还在盯着他，甚至在燕南飞出手时，他的目光都没有移开过。

除了这少年的一双手之外，世上好像再没有什么别的事值得他去看一眼的。

萧四无的手背已隐隐露出了青筋，仿佛已用出了很大的力量，才能使这双手保持稳定。

他的动作还是很轻慢，甚至连姿势都没有改变，能做到这一点确实很不容易。

傅红雪忽然道："你的手很稳。"

萧四无淡淡道："一直都很稳。"

傅红雪道："你的出手一定也很快，而且刀脱手后，刀的本身还有变化。"

萧四无道："你看得出？"

傅红雪点点头，道："我看得出你是用三根手指掷刀的，所以能在刀锋上留下回旋之力；我也看得出你是用左手掷刀的，先走偏锋，再取标的。"

萧四无道："你怎么能看得出？"

傅红雪道："你左手的拇指、食指和中指特别有力。"

萧四无笑容艰涩，冷冷道："好眼力。"

傅红雪道："好刀！"

萧四无傲然道："本就是好刀！"

傅红雪道："虽是好刀，却还是比不上叶开。"

萧四无的动作突然停顿。

傅红雪也终于站起来，道："叶开的飞刀出手，当今天下最多只有一个人能破解。"

萧四无手背的青筋更凸出，道："我的刀呢？"

傅红雪淡淡道："现在这屋子里最少已有三个人能破你的刀！"

萧四无道："你也是其中之一？"

傅红雪道："当然是的。"

他慢慢地转过身，头也不回地走了出去。

萧四无看着他走出去，居然没有动，也没有再说一个字。

刀在！手也在！可是他的刀绝不轻易出手！

他在看着地上的脚印冷笑。

脚印很深，是傅红雪留下来的，他走出这扇门时，全身的力量都已集中。

因为他必须集中全部力量来防备萧四无的刀。

可是萧四无的刀并未出手。

傅红雪走出门，仰面向天，长长吐出口气，竟似觉得很失望。

不但失望,而且忧虑。

他忽然发现这少年远比近年来他所遇见的任何人都可怕!

他本已看清了这少年的刀路,本想激这少年出手。

现在出手,他还能接得住,他有把握。

谁知这少年的冷静,竟比他自己手中的刀更冷,更可怕。

"他三年以后再出手,我是不是还有把握能接得住?"

前面有马嘶传来,小院中还是很幽静,傅红雪忽然有种冲动,想回头去杀了这少年,但他没有回头。

他慢慢地走了出去。

前面走的是燕南飞和公孙屠。

蔷薇剑还在公孙屠咽喉上,燕南飞面对着他,一步步向后退。

公孙屠却不愿面对他,已闭上了眼,他就像是用竹杖在带着一个瞎子。

可是这瞎子实在太危险,他绝不能有片刻放松。

明月心是最后走出禅房的,正想加快脚步,赶上傅红雪。

这时杨无忌忽然在她身旁出现,道:"你知不知道那道墙后面是什么?"

明月心摇摇头。

杨无忌笑了笑,道:"你马上就会知道的。"

看到这个人的笑,明月心手里已捏了把冷汗。

杨无忌却往后退了两步,微笑着点头,就在这时,短墙后忽然出现了九个人。

九个人十三种暗器,每种至少有三件,弓弦声和机簧声同时一响,三十几道寒光暴雨般打了过来。

明月心的反应并不慢,弓弦一响,她的身法已展开。

一片刀光闪电般飞过来,为她扫落了大半暗器。

她展动身形向左退,剩下的暗器已没有一件能打到她。

她正在暗中松了口气,一柄剑已刺入了她的右肋,她几乎完全没有感觉到痛苦。

剑锋冷而锐利,她只觉得忽然有阵寒意,只看见傅红雪苍白的脸上忽然露出种奇怪的表情,忽然伸手把她拉了过去。

然后她就倒在傅红雪怀里。

杨无忌用的是一柄松纹古剑,此刻剑已出鞘,剑尖还在滴着血。

他凝视着剑尖的血,脸上忽然变得全无表情。

一击必中!

他早已算准了傅红雪会拔刀,早已算准了明月心会往那里闪避。

他的剑早已在那里等着。

这件事每一个细节都早已在他计算之中,他早已算准了这一击必中!

短墙的九个人已全都不见了,傅红雪并没有追,只是冷冷地盯着杨无忌。

燕南飞也已停下来,握剑的手仿佛在发抖。

杨无忌忽然道:"你最好小心些,莫要伤了他,他若死了,卓玉贞也死了。"

燕南飞咬紧牙,道:"你是身负重名的剑客,这里是你的道观,你竟在这里用如此卑鄙的手段暗算一个女人,你究竟是什么东西?"

杨无忌淡淡道:"我是杨无忌,我要杀她!"

青衣人远远地站在禅房门侧,叹息着道:"若要杀人,百无禁忌,杨无忌果然是杨无忌!"

杨无忌道:"此刻我若不杀她,良机错失,以后只怕就永无第二次了。"

傅红雪盯着他,一只手握着刀,一只手抱着晕过去的明月心。

他可以感觉到明月心的身子在渐渐发冷。

杨无忌道:"你们要替她报仇?"

傅红雪没有再说一个字,已开始往后退。

燕南飞看着他怀里的明月心,再看着自己剑下的公孙屠。

公孙屠还是闭着眼,一张刀疤交错的脸,看来就像是个面具。

燕南飞忽然也开始往后退。

杨无忌也不意外,淡淡道:"马车已套好,卓玉贞已在车上等着，祝你们一路顺风。"

燕南飞忍不住道："你不怕我上车后杀了公孙屠？"

杨无忌道："我为什么要怕？公孙屠的死活跟我有什么关系？"

他忽然转身走向禅房，走到门口时又拉住那青衣人："走，我们去下棋。"

青衣人立刻点了点头，微笑道："我本就是为了下棋来的。"

车马果然已套好，一个身怀六甲的少妇，正坐在角落里低头垂泪。

傅红雪带着明月心上了车，蔷薇剑却仍在公孙屠的咽喉。

燕南飞厉声道："张开眼来看着我！"

公孙屠立刻睁开眼。

燕南飞盯着他，恨恨道："我本想杀了你的。"

公孙屠道："但你却不会出手，因为你是一诺千金的燕南飞。"

燕南飞又狠狠地盯着他看了很久，忽然一脚踢在他小肚子上。

公孙屠的身子立刻虾米般弯下，眼泪、鼻涕、冷汗，一起流了出来。

燕南飞连看都不再看他一眼，转身面对着前面的车夫，道："打马前行，片刻也不许停留。你若想玩花样时，最好莫忘记我的剑就在你背后。"

03

车厢宽大,座位柔软,赶车的技术优良。

这本是辆坐起来很令人愉快的马车,可是车厢里的人却没有一个是愉快的。

傅红雪忽然道:"我本该杀了萧四无。"

燕南飞道:"你并没有出手。"

傅红雪道:"因为我有顾忌,所以……"

燕南飞道:"所以你慢了。"

傅红雪慢慢地点了点头,道:"若要杀人,百无禁忌,良机错失,永不再来。"

他说得很慢,每个字都似已经过仔细咀嚼。

燕南飞沉默了很久,才叹息着道:"我杀公孙屠的机会只怕也已不多了。"

傅红雪道:"幸好明月心还没有死,卓姑娘也安全无恙。"

坐在角落的卓玉贞已收住了泪,看着他,忽然道:"你就是傅红雪?"

傅红雪点点头。

卓玉贞道:"我没有见过你,可是我常听秋……秋大哥说起你,他常说你是他唯一可以信任的朋友,他还说……"

傅红雪道:"说什么?"

卓玉贞黯然道:"他再三关照我,万一我在他无法照顾时出了什么事,就要我去找你,所以他将你的容貌说得很仔细。"

她又低下头,垂泪道:"想不到的是,现在我还好好活着,他却已……"

说到这里她已泣不成声,索性伏在座位上,放声痛哭起来。

她是个美丽的女人,她的美丽属于清秀柔弱那一类型的,本就最容易让人怜悯同情。

明月心虽然聪明坚强,若不是傅红雪及时为她止住了血,现在只怕已香消玉殒。

燕南飞看着她们,忍不住轻轻叹息:"不管怎么样,我们总算已对秋庄主有了交代。"

傅红雪道:"没有交代!"

燕南飞很意外:"没有?"

傅红雪目光刀锋般盯着他身旁的女人,冷冷道:"这位姑娘不是卓玉贞,绝不是。"

第十一章

变化

01

哭声忽然停止。

卓玉贞抬起头,吃惊地看着傅红雪:"我不是卓玉贞?你为什么说我不是卓玉贞?"

傅红雪没有回答她,却问了句不该问的话:"你已经有了几个月的身孕?"

卓玉贞迟疑着,终于道:"七个月。"

傅红雪道:"你已经有了七个月的身孕,可是你父亲直到今天才发现你的私情?他是个瞎子?"

卓玉贞道:"他不是瞎子,他也不是我亲生的父亲。"

她的声音里充满怀恨:"他早就知道这件事。我认得秋水清,根本就是他安排的,因为秋水清是江湖中的大人物,是孔雀山庄的庄主,也是刘总镖头最佩服的人。"

燕南飞插口道:"刘总镖头?振远镖局的刘振国?你父亲是振远的镖师?"

卓玉贞道:"他本来是的。"

燕南飞道:"现在呢?"

卓玉贞道:"他的酒喝得太多,无论什么样的镖局,都不愿用一个醉汉做镖师的。"

燕南飞道:"刘振国将他解了聘?"

卓玉贞点点头,道:"刘总镖师并不反对喝酒,可是喝了酒之后居然把同伴的镖师当作来劫镖的,还砍断了他的一只手,这就未免太过分了。"

燕南飞道:"他想利用你和秋水清的关系,重回振远去?"

卓玉贞道:"他想得要命,就算我是他亲生的女儿,他也会这么做的。"

燕南飞道:"只可惜秋水清不肯做这种事,刘振国也不是肯徇私的人。"

卓玉贞道:"所以秋水清虽然每个月都给他一百两银子买酒,他还是不满意,只要一喝醉,就要想法子来折磨我。"

燕南飞道:"直到今天早上你才觉得不能忍受?"

卓玉贞勉强忍住了泪,道:"我是个女人,名义上又是他的女儿,无论他怎样对我,我都可以忍受,但是今天早上……"

燕南飞道:"今天早上他做了什么事?"

卓玉贞道:"他要把我肚子里的孩子打出来,他不要我生秋水清的孩子,因为……因为他已经知道孔雀山庄的凶讯。"

燕南飞动容道："可是昨天晚上才发生的事，他本不该知道的。"

卓玉贞道："可是他的确知道了。"

燕南飞沉下了脸，傅红雪的脸色更苍白。

——只有一种人才会这么快就得到消息。

——就算他昨天晚上没有到孔雀山庄去杀人，也一定是个把风的。

燕南飞道："我若看见那么多人无辜惨死，回家后我也会忍不住想大醉一场。"

傅红雪沉默着，忽然问道："你认得刘振国？他是个什么样的人？"

燕南飞道："振远镖局的局面很大，能做到振远镖局的总镖头并不容易。"

傅红雪道："他懂得用人？"

燕南飞道："他用的都是好手，一流好手。"

傅红雪的手握紧。

卓玉贞道："我义父的武功不弱，若不是酒害了他，他说不定也会做到总镖头的。"

傅红雪冷冷道："做总镖头难，杀人容易。"

燕南飞道："你认为他是凶手之一？"

傅红雪道："不是凶手，也是帮凶！"

燕南飞道："那么现在我们就该去找他。"

傅红雪道："上车时我就已经吩咐过，现在我们走的就是这条路。"

他看着卓玉贞："所以我希望你说的全部都是真

话。"

卓玉贞直视着他,说谎的人绝不敢正视他的眼睛,也绝不会有这种坦然的表情。

燕南飞看着她,再看看傅红雪,好像也有什么意见要说出来。

他还没有开口,就听见一个人大声道:"现在我们绝不能回卓家去。"

明月心已醒了。

她的血流得太多,身子太虚弱,这句话显然是她用尽了所有力气才说出来的。

燕南飞让她躺得更舒服些,才问:"我们为什么不能回卓家去?"

明月心喘息着道:"因为现在那里一定已是个陷阱。"

她急着要将心里的想法说出来,苍白的脸已挣得发红:"公孙屠绝不会就这样放过我们的,他当然想得到我们要找卓东来,他们的人多,而且全都是好手,我又受了伤。"

燕南飞不让她说下去:"你的意思我明白,傅红雪一定也会明白的。"

明月心道:"你们不明白,我不是为了我自己,我也知道就凭你们两个人已足够对付他们,可是卓姑娘呢?你们要对付杨无忌的剑,要对付公孙屠的钩,还要对付萧四无的飞刀,哪里还有余力照顾她?"

傅红雪没有开口,也没有反应。

明月心看着他,道:"这次你一定要听我的,现在就应该赶紧叫车子停下来。"

傅红雪道:"不必。"

明月心道:"你……你为什么不肯?"

傅红雪脸上还是全无表情,淡淡道:"因为这条路并不是到卓家去的路。"

明月心怔了怔,道:"不是?怎么会不是?"

傅红雪道:"因为我本来就是要他赶车出城的,他怎么敢走别的路?"

明月心松了口气,道:"原来你的想法也跟我一样。"

傅红雪冷冷道:"我从不拿别人的生命冒险。"

明月心道:"可是你刚才……"

傅红雪道:"我刚才那样说,只不过是为了试探试探这位卓姑娘。"

他的话还没有说完,马车忽然停下。

赶车的转过头,赔着笑道:"这里已经是城外了,傅大侠要往哪条路走?"

傅红雪冷冷地看着他赔笑的脸,忽然问道:"你练的是不是先天无极派的功夫?"

赶车的笑容突然僵硬,道:"小人根本没有练过功夫。"

傅红雪不听他的,又问道:"赵无极、赵无量兄弟,是你的父或叔?还是你的师长?"

车夫吃惊地看着他,就好像看见了鬼一样。

他赶车的技术纯熟,一直都坐在前面赶车,非但没有任何举动,而且很听话。

他实在想不通这个脸色苍白的怪物,怎么会一眼就看破他的来历。

傅红雪道:"你的肤色光滑,肌理细密,就好像用熟油浸出来,只有练过先天无极独门气功的人,才会这么样。"

——这怪物好尖锐的眼力!

车夫终于叹了口气,苦笑道:"在下赵平,赵无极正是家父。"

傅红雪道:"你是不是有个名字叫食指?"

赵平勉强点了点头,他已看出在这怪物面前根本没有说谎的余地。

傅红雪道:"以你的家世出身,竟会做这种见不得天日的事,我本该替先天无极清理门户的。"

赵平变色道:"可是我……"

傅红雪不让他开口,冷冷道:"你若不是赵无极的独子,现在就已死在车轮下。"

他坐在车厢里,连动都没有动。

——一只手上,最灵活的就是食指。

——一个坐在车厢里不动的人,怎么能杀得了灵活如食指的赵平?

赵平终于想通了,身子已准备掠起。

傅红雪道:"今天我不杀你,我只要你留下一只杀人的手！"

赵平忽然大笑，道："抱歉得很，我的手还有用，不能给你。"

忽然间，刀光一闪，血花四溅。

赵平身子已掠起，忽然看见一只血淋淋的手凭空落下。

他还不知道这就是他自己的手。

刀太快，他还没有感觉到痛苦。

他甚至还在笑。

等到这只手落在地上，他才发现自己的手已少了一只。

笑声立刻变成了惨呼，他的人也重重跌下。

刀光不见了，刀已入鞘。

傅红雪还是坐在那里，动也不动。

赵平将断腕塞入衣襟，用一只手扳着车窗，挣扎着站起来，盯着他。

傅红雪道："你还不走？"

赵平咬着牙，道："我不走，我要看看你的刀。"

傅红雪道："刀不是给人看的。"

赵平道："你砍断了我的手，你至少应该让我看看你的刀。"

傅红雪凝视着他，忽然道："好，你看！"

刀光一闪，一根根断发雨丝般飘散。

这是赵平的头发。

等到他看见这雨丝般的落发，刀光已不见了。

刀已入鞘。

他还是没有看见这柄刀。

他的脸却已因恐惧而扭曲,忽然一步步向后退,嘶声嚷呼道:"你不是人,你是个恶鬼,你用的也是把鬼刀……"

漆黑的刀,漆黑的眸子。

卓玉贞也在看着这柄刀,已看了很久,眼睛里也有了恐惧。

这柄刀仿佛已长在傅红雪手上,已成了他身体的一部分。

卓玉贞试探着问:"你有没有放下过这把刀?"

傅红雪道:"没有。"

卓玉贞道:"你能不能让我看看?"

傅红雪道:"不能。"

卓玉贞道:"你有没有让别人看过?"

傅红雪道:"没有!"

卓玉贞道:"这真是把鬼刀?"

傅红雪道:"鬼不在刀上,在心里。只要心里有鬼的人,就避不开这把刀!"

人没有动,马车也没有动。

燕南飞叹了口气,道:"看来我们现在已没有什么地方可去了!"

傅红雪道:"有。"

燕南飞道:"去哪里?"

傅红雪道:"孔雀山庄。"

燕南飞很意外:"又到孔雀山庄去?现在那里还有什么?"

傅红雪道:"还有个秘密地窖。"

燕南飞立刻明白:"你要明月心躲到那里去养伤?"

傅红雪道:"没有人想得到她会在那里,那里已是死地。"

燕南飞道:"这也是置之死地又后生?"

傅红雪道:"是。"

燕南飞道:"我们还是坐这辆车去?"

傅红雪道:"车马不会泄露秘密,更不会出卖人。"

燕南飞道:"只有人才会出卖人,所以你赶走了赵平。"

傅红雪道:"是。"

燕南飞道:"现在谁去赶车?"

傅红雪道:"你。"

地室的石壁上虽然被炸开个大洞,别的地方依旧坚固完整。

燕南飞道:"现在这里唯一的出入道路,就是这个洞了。"

傅红雪道:"只能出,不能入。"

燕南飞道:"为什么?"

傅红雪道:"因为明月心还有孔雀翎。"

燕南飞道:"她的孔雀翎也有用?"

傅红雪道:"有。"

燕南飞道:"只要她拿着孔雀翎守在这里,就没有人冲得进来?"

傅红雪道:"绝没有。"

燕南飞叹道:"不管怎么样,我还是希望没有别的人来。"

卓玉贞忍不住道:"你们是不是要让她一个人留在这里?"

傅红雪道:"不是。"

卓玉贞道:"谁留下来陪她?"

傅红雪道:"你。"

卓玉贞道:"你们呢?你们要走?"

傅红雪道:"是。"

卓玉贞道:"到哪里去?"

傅红雪道:"去杀人!"

卓玉贞道:"去杀那些杀人的人?"

傅红雪点点头:"公孙屠不肯放过我,我也同样不能放过他!"

卓玉贞看着他手里的刀:"杀人的人是不是心里都有鬼?"

傅红雪道:"是。"

卓玉贞道:"他是不是一定躲不开你这把刀?"

傅红雪道:"一定。"

卓玉贞忽然跪下,泪也流下:"求求你,把他那颗心带回来,我要用他的心祭我肚里孩子的父亲。"

傅红雪凝视着她,忽然道:"我可以做这种事,你却不能说这种话。"

卓玉贞道:"为什么?"

傅红雪道:"因为话里有杀气。"

卓玉贞道:"你怕我肚里的孩子染上杀气?"

傅红雪点点头,道:"有杀气的孩子,长大后难免杀人。"

卓玉贞咬紧牙根,道:"我希望他杀人,杀人总比被杀好。"

傅红雪道:"你忘了一点!"

卓玉贞道:"你说。"

傅红雪道:"杀人的人,迟早总难免被杀的!"

02

地室中阴森而黑暗,连桌椅都是石头的,又硬又冷。

明月心却坐得很舒服,因为傅红雪临走时已将车上所有的垫子都拿来了。

华丽的马车,柔软的垫子,卓玉贞也分到一个。

傅红雪一走,她就忍不住叹息,道:"想不到他居然还是个这么细心的人!"

明月心道:"他是个怪人,燕南飞也怪,但他们都是人,而且是男人,真正的男人。"

卓玉贞道:"他们好像对你都不错。"

明月心道："我对他们也都不错。"

卓玉贞道："可是你总得要有选择的。一个女人，总不能同时嫁给两个男人。"

明月心勉强笑了笑，道："我已选择好了。"

卓玉贞道："你选的是谁？"

明月心道："是我自己。"

她淡淡地接着道："一个女人虽不能同时嫁给两个男人，却可以两个都不嫁。"

卓玉贞闭上了嘴，她当然也看得出明月心不愿再谈论这件事。

明月心轻抚着手里的孔雀翎，她的手比黄金还冷，她有心事。

是不是卓玉贞说了那些话，才勾起了她的心事？

过了很久，卓玉贞忽然又问道："你手里拿着的真是孔雀翎？"

明月心道："不是真的。"

卓玉贞道："你能不能让我看看？"

明月心道："不能。"

卓玉贞忍不住问："为什么？"

明月心道："因为孔雀翎虽然不是真的，但却也是件杀人的利器，也有杀气，我也不愿让你肚里的孩子染上杀气。"

卓玉贞看着她，忽然笑了："你知道我为什么笑？"

明月心道："不知道！"

卓玉贞道："我忽然发现你说话的口气，就好像跟傅红雪完全一模一样,所以……"

明月心道:"所以怎么样?"

卓玉贞又笑了笑,道:"假如你非嫁不可,我想你一定会嫁给他的。"

明月心笑了笑,笑得很勉强:"幸好我并不是非嫁不可。"

卓玉贞垂下头:"可是我却非嫁不可。"

明月心道:"为什么?"

卓玉贞凄然道:"因为我的孩子,我不能让他没有父亲。"

明月心也忍不住要问:"你想要谁做他的父亲?"

卓玉贞道:"当然要一个真正的男人,一个可以保护我们的男人。"

明月心又忍不住问:"一个像傅红雪那样的男人?"

卓玉贞居然不否认。

明月心笑得更勉强:"你知不知道他有多么无情?"

卓玉贞幽幽地一笑,道:"是有情?是无情?又有谁能真的分得清?"

03

"我们还是坐这辆车去?"

"嗯。"

"现在应该由谁来赶车了?"

"你。"

燕南飞终于沉不住气了:"为什么还是我?"

傅红雪道:"因为我不会。"

燕南飞怔住:"为什么你说的话总是要让我一听就怔住?"

傅红雪道:"因为我说的是真话。"

燕南飞只有跳上车,挥鞭打马:"你看,这并不是件困难的事,人人都会的,你为什么不学?"

傅红雪道:"既然人人都会,人人都可以为我赶车,我何必学?"

燕南飞又怔住。

"你说的确实都是真话。"他苦笑着摇头,"但我却希望你偶尔也说说谎。"

"为什么?"

"因为真话听起来,好像总没有谎话那么叫人舒服。"

马车前行,走了很久,傅红雪一直在沉思,忽然问道:"你认得那个陪杨无忌下棋的人?"

燕南飞点点头,道:"他叫顾棋,是公子羽手下的大将。"

傅红雪道:"听说他门下有四大高手,就是以'琴棋书画'为名的。"

燕南飞道:"是五大高手,俞琴、顾棋、王书、吴画、萧剑。"

傅红雪道:"这五个人你都见过?"

燕南飞道:"只见过三个,那时公子羽还没有找到俞琴和萧剑。"

傅红雪凝视着他,道:"那时是什么时候?"

燕南飞闭上了嘴。

傅红雪却不放松,追问道:"是不是你跟公子羽常常见面的时候?"

燕南飞还是闭着嘴。

傅红雪道:"他的秘密你都知道,他门下高手你都很熟,你们以前当然常有来往。"

燕南飞不否认,也不能否认。

傅红雪道:"你们究竟有什么关系?"

燕南飞冷冷道:"别人一向都说你惜语如金,为什么我总觉得你是个多话的人?"

傅红雪道:"因为你不会说谎,又不敢说真话。"

燕南飞道:"现在我要说的是你,不是我。"

傅红雪道:"我要说的却是你。"

燕南飞道:"我们能不能说说别的?直到现在我还不知道你要到哪里去!"

傅红雪道:"你知道,要找猎人,当然要到他自己布下的陷阱那里去找。"

燕南飞道:"是卓东来的家?"

傅红雪道:"以前是的。"

燕南飞道:"现在已不是?"

傅红雪道:"死人没有家。"

燕南飞道:"卓东来现在已是个死人?"

傅红雪道:"所以那地方现在已只不过是个陷阱。"

燕南飞叹了一口气,道:"我只希望那些猎人还留在那里没有走!"

傅红雪道:"他们应该还没有走,要做猎人,第一样要学会的就是忍耐。"

卓东来果然已是个死人,连尸体都已冰冷。

这并不意外,要想以杀人为业,第一样应该学会的就是灭口!你只要参加过他们的一次行动,随时都有可能被他们杀了灭口。在他们眼中看来,一个人的生命绝不会比一条野狗珍贵。

卓东来已像是野狗般被杀死在树下。

傅红雪远远地看着,目光中充满了悲伤和怜悯。

——生命本是可贵的,为什么偏偏有些人不知道多加珍惜?

他同情这个人,也许只因为自己几乎也被毁在"酒"字上。

——酒的本身并不坏,问题只在你自己。

——你自己若是愿意沉沦下去,不能自拔,那么世上也绝没有任何人能救你。

燕南飞心里的感触显然没有这么深,他还年轻,还有满怀雄心壮志。

所以他只想问:"陷阱在这里,猎人呢?"

傅红雪沉默着,还没有开口,屋角后忽然响起一声轻叱:"看刀!"

一闪刀光如闪电,直向他背后打来。傅红雪没有闪避,没有动,动的是他的刀!

"叮"的一响,火星四激,一道刀光冲天而起,看来就像是已冲破云层飞至天外。

傅红雪的刀已入鞘。

燕南飞松了一口气,道:"看来至少还有一个人没有走!"

傅红雪淡淡道:"我看得出他早已学会忍耐。"

这两句话说完,刀光才落下,落下时已分成两点,流星般掉在地上。

是一柄刀,飞刀!

刀锋相击,余力反激,竟已冲天飞起数丈。

四寸长的飞刀,已断成了两截。

有谁能想象这一刀飞出时的力量和速度?

可是傅红雪反手挥刀,就将这一刀击落,百炼精钢的刀锋,竟被击断。

屋角后有人在叹息:"果然是天下无双的刀法,你果然没有说谎。"

傅红雪缓缓转过身:"你为什么还不走?"

他一转身,就看见了萧四无。

萧四无是空着手走来的,冷冷道:"萧公子的四无之中,并没有'无耻'二字,就算要走,也要走得光明磊落。"

他的手里没有刀,就像是一个处女忽然变成赤裸,连手都不知道应该放在那里才好。

可是他没有逃。

傅红雪看着他:"你只有一把刀?"

萧四无道:"今天我要对付的是你,我只能带一把刀!"

傅红雪道:"为什么?"

萧四无道:"因为我知道第一刀就是最后一刀,所以我这一刀击出,必尽全力。"

傅红雪道:"你自己先将自己置之于死地,出手时才能全无顾忌?"

萧四无道:"正是如此。"

他缓缓地接着道:"何况我这一刀击出,势在必中,若是不中,再多千百柄刀也是没用的。"

傅红雪盯着他,忽然挥了挥手,道:"你说得好,你走!"

萧四无道:"你让我走?"

傅红雪道:"这次我也不杀你,只因为你说了两个字。"

萧四无道:"哪两个字?"

傅红雪道:"看刀!"

飞刀出手,先发声示警,这绝不是卑鄙小人的行径。

傅红雪道:"我的刀只杀心里有鬼的人,你的刀上有鬼,心中却无鬼。"

萧四无的手忽然握紧,眼睛里忽然露出种奇怪的表情,过了很久,才缓缓道:"我若不说这两个字,你能不能破我那一刀?"

傅红雪道:"你已后悔?"

萧四无道:"不是后悔,不过想知道实情而已。"

傅红雪又盯着他看了很久,冷冷道:"你若不说那两个字,现在你已是个死人!"

萧四无连一个字都不再说,掉头就走,并且走得很快,而且绝不回头。

屋角后却又有人在叹息:"就算他不后悔,你却要后悔的。"

一个人缓缓走出来,青衣白袜,正是顾棋。

傅红雪道:"我后悔?后悔什么?"

顾棋道:"后悔没有杀了他!"

傅红雪的手握紧。他本有两次机会杀了那个骄傲的年轻人,可是他全都放过了。

顾棋道:"良机一失,永不再来,若要杀人,百无禁忌。"

他笑了笑,接着道:"这次你不杀他,下次只怕就要死在他手里。"

傅红雪盯着他,忽然冷笑,道:"你呢?这次我该不该杀你?"

顾棋道:"这就要看了,看你是要杀我的中盘?还是要杀我的右角的那条大龙?看你拿的是白子?还是黑子?"

傅红雪不懂,他不下棋。有闲暇的人才下棋,他有闲暇时只拔刀。

所以顾棋只好自己笑着道:"我的意思是说,你不能杀我的人，只能杀我的棋，因为我只会下棋，何况这局棋本是你们下的，你根本连我的棋都杀不了。"

他微笑着从傅红雪面前走过去，他知道傅红雪绝不会出手，因为他完全没有戒备，任何人都可以杀了他。但傅红雪不是任何人，傅红雪就是傅红雪。

燕南飞看着他走过去，忽然笑了笑，道："看来你这一着又没有走错。"

顾棋道："可是今天我连输了三盘。"

燕南飞道："输给杨无忌？"

顾棋道："只有他才能赢我。"

燕南飞道："为什么？"

顾棋道："因为他杀棋也像杀人一样百无禁忌，我却有心事。"

燕南飞道："什么心事？"

顾棋道："我怕输棋。"

只有怕输的人才会输不该输的棋，愈怕愈输，愈输愈怕。

只有心中充满畏惧的人才会杀不该杀的人——对正义的畏惧，对真理的畏惧。

夜已很深。

顾棋走出门，忽又回头，道："我劝你们也不必再留在这里。"

燕南飞道："这里已没有人？"

顾棋道："没有活的，只有死的。"

燕南飞道:"公孙屠他们不在这里?"

顾棋道:"他们根本就没有来,因为他们急着要到别的地方去。"

燕南飞道:"到哪里去?"

顾棋道:"你们刚才是从哪里来的,他们就是到那里去。"

燕南飞还想再问,他已走出门,燕南飞追出去,人已不见了。

只能听见他的声音从遥远的地方传来:"据说孔雀死的时候,明月也一定会陪着沉下去,沉入地下,沉入海底……"

第十二章

明月何处有

01

夜色更深,大地一片黑暗。

因为今夜没有明月。

今夜的明月是不是已经死了?

燕南飞打马狂奔,傅红雪动也不动地坐在他身旁。

华丽的马车,沉重的车厢。

"我们为什么一定要坐车?"

"因为我们有车!"

"马已累了,一匹倦马,载不动两个人,却可以拉车!"

"因为车有轮?"

"不错。"

"我们也有腿,为什么不能自己走?"

"因为我们也累了,我们的力气要留下来。"

"留下来杀人?"

"只要有人可杀，只要有可杀的人。"

孔雀已死了。

孔雀山庄已不再是孔雀山庄。

黑夜中还有几点星光，淡淡的星光照在这一片废墟上，更显得凄凉。

已往返奔波数百里的马，终于倒下。

地窖中没有人，什么都没有，所有能搬走的东西都已被搬走！

火光跳动，因为燕南飞拿着火折子的手在抖。

——据说孔雀死的时候，明月也会陪着沉下去。

燕南飞用力咬着牙："他们怎么会知道的？怎么知道人在这里？"

傅红雪握刀的手没有抖，脸上的肌肉却在跳动，苍白的脸已发红，红得奇怪，红得可怕。

燕南飞道："我们来的时候，后面绝没有人跟踪，是谁……"

傅红雪忽然大吼："出去！"

燕南飞怔住："你叫我出去？"

傅红雪没有再说话，他的嘴角已抽紧。

燕南飞吃惊地看着他，一步步向后退，还没有退出去，傅红雪已倒下，就像是忽然有条看不见的鞭子抽在他身上。

他一倒下去，就开始抽缩。

那条看不见的鞭子仿佛还在继续鞭打，不停地鞭打。

傅红雪整个的人都已因痛苦而痉挛扭曲,喉咙里发出低吼,就像是野兽临死前的吼声:"我错了,我错了……"

他一只手在地上抓,又像是一个快淹死的人想去抓一条根本不存在的浮木。

地上也铺着石块,他的指甲碎裂,他的手已开始流血。

他另一只手还是在紧紧握着他的刀。

刀还是刀!

刀无情,所以永恒。

燕南飞知道他绝不愿让任何人看见他此刻的痛苦和他的痼疾。

可是燕南飞没有退出去,因为他也知道,刀虽然还是刀,傅红雪却已不再是傅红雪。

——现在无论谁走进来,都可以一刀杀了他。

——老天为什么要如此折磨他?为什么要这样的人有这种病?

燕南飞勉强控制着,不让眼泪流下。

火折子灭了,因为他不忍再看。

他的手却已握住衣下的剑柄。

石壁上那个洞在黑暗中看来,就像是神话中那独眼恶兽的眼睛。

他发誓,现在无论谁想从这里闯进来,他都要这个人立刻死在他剑下!

他有把握。

没有人从这里进来，黑暗中却忽然有火光亮起！

火光是从哪里来的？

燕南飞霍然回头，才发现那扇有十三道锁的铁门，已无声无息地开了一线。

火光从门外照进来，门大开，出现了五个人。

两个人高举着火把，站在门口，另外三个人已大步走了进来。

第一个人右腕缠着白布，用一根缎带吊在脖子上，左手倒提着一柄弧形剑，眼睛里却充满了仇恨和怨毒。

他身旁的一个人道袍玄冠，步履稳重，显得胸有成竹。

最后一个人满脸刀痕交错，嘴角虽带着笑意，看来却更阴险残酷。

燕南飞心沉了下去，胃里却有一股苦水翻上来，又酸又苦。

他应该想得到的，别人打不开门上的十三道锁，公孙屠却能打得开，石壁上那个洞，并不是这里唯一可以出入的门户。

他们都没有想到，他们都太有把握，所以他们就犯了这致命的错误。

公孙屠忽然伸出一只手，摊开手掌，掌心金光闪闪，赫然正是孔雀翎。

孔雀翎已到了他手里，明月心呢？

燕南飞勉强忍耐着，不让自己呕吐。

公孙屠笑道:"你们不该让她用这种暗器去对付墙上一个洞的,我们是人,不是老鼠,既不会打洞,也不会钻洞。"

他笑得十分愉快:"若不是她全心全意要对付这个洞,我们要进来只怕还不容易。"

燕南飞忍不住长长叹息:"我错了。"

公孙屠道:"你的确错了,你本该杀了我的!"

杨无忌淡淡道:"所以你以后一定要记住我的话,若要杀人,就应该百无禁忌。"

公孙屠道:"你不该提醒他的,若是他还有第二次机会,我岂非死定了。"

杨无忌道:"他还有没有第二次机会?"

公孙屠道:"没有。"

杨无忌摇摇头,悠然道:"现在他唯一能杀的人,就是他自己。"

杨无忌道:"他至少还可以杀傅红雪。"

公孙屠说道:"傅红雪是赵平的,他连动都不能动。"

燕南飞看着他们,只觉得他们的声音仿佛已变得很遥远!

他本该集中全部精神力量,来对付他们的。

他应该知道这已是他的生死关头,他们绝不会放过他,他也不能退缩。

就算有路可退,也绝不能退。

可是他却忽然觉得很疲倦。

这是不是因为他自己心里已承认自己不是这两人的敌手？

明月已消沉，不败的刀神已倒下，他还能有什么希望？

公孙屠正在问赵平："你这只手是被谁砍断的？"

赵平道："傅红雪。"

公孙屠道："你想不想报复？"

赵平道："想。"

公孙屠道："你准备怎么样对付他？"

赵平道："我有法子。"

公孙屠道："你现在为什么还不出手？你难道看不出这是你最好的机会？"

杨无忌道："良机一失，永不再来。等傅红雪清醒时，就已太迟了。"

公孙屠道："现在你也用不着担心燕南飞。"

赵平忍不住问："为什么？"

公孙屠道："因为只要他一动，傅红雪立刻就会变成只孔雀。"

赵平道："孔雀？"

公孙屠道："这一筒孔雀翎无论插在谁身上，那个人都会变成只孔雀，死孔雀。"

赵平笑了："可是我倒不希望他死得太快。"

公孙屠也笑了："我也不希望。"

赵平忽然放下手里的弧形剑冲出去，一把抓起傅红雪的头发，抬起膝盖，猛撞他下颚，接着又反手一掌切在他后颈上。

傅红雪的头再垂下时,他的脚已踢出,一脚将傅红雪踢得飞了出去,撞上石壁。

他的人也跟着冲过去,用右肘抵住傅红雪的咽喉,厉声道:"张开眼来看看我是谁!"

傅红雪额上青筋一根根凸起,非但不能抵挡,也已不能呼吸。

赵平冷笑道:"你砍断了我这只手,我就要用这只手扼断你脖子。"

燕南飞额上的青筋也已一根根凸起,仿佛也已不能呼吸。

公孙屠狞笑道:"你为什么不去救你的朋友?难道你就站在这里看着他死?"

燕南飞不能动。

他知道他若是动了,傅红雪只有死得更快。

可是他也不能不动。

赵平正在用另一只手猛掴傅红雪的脸,好像并不想立刻就要他的命。

但这种侮辱岂非比死更难受。

燕南飞握紧了衣下的剑柄,满头汗落如雨,忽然道:"你们就算能杀了他,也未必能杀我。"

公孙屠:"你想怎么样?"

燕南飞道:"我要你们放了他。"

公孙屠道:"你呢?"

燕南飞道:"我情愿死!"

公孙屠大笑："我们不但要你死，也不能让他活着。"

杨无忌冷冷道："若要杀人，百无禁忌。"

公孙屠笑声停止，厉叱道："赵平，杀了他，现在就杀了他！"

赵平咬了咬牙，手肘用力。

就在这时，忽然有刀光一闪！

是傅红雪的刀！

天上地下，独一无二的刀！

他们都以为这一战已十拿九稳，因为他们都忘了一件事。

傅红雪手里还是紧紧握着他的刀。

也就在这时，燕南飞忽然挥手，鲜红的剑光血雨般洒出，卷住了公孙屠。

杨无忌的剑也已出鞘。

他拔剑的动作纯熟巧妙，他的出手准确有效，一剑刺出，正是燕南飞必死之处。

燕南飞这一剑就算能杀了公孙屠，他自己也必将死在杨无忌剑下。

他只有先回剑自救。

公孙屠的人立刻自血雨般的剑光中脱出，凌空翻身，掠出了门。

杨无忌长剑一式，身随剑走，也跟着掠出。

燕南飞当然绝不肯放过他，正想追出去，突听一声惊呼，一声厉喝："接住！"

一条人影从门外飞扑过来,披头散发,满脸血污,赫然竟是卓玉贞。

幸好燕南飞的剑虽快,眼睛更快,一剑刚刺出,立刻悬崖勒马,及时收了回来。

卓玉贞惨呼着扑倒在他身上,只听"当"的一声,铁门已合起!

门外立刻传来"叮、叮、叮"一连串轻响,十三道锁已全部锁上,除了公孙屠外,天下已绝没有第二个人能打开这道门了。

燕南飞跺了跺脚,不理会已倒在地上的卓玉贞,转身从壁上的洞里蹿了出去。

"你照顾卓姑娘,我去将公孙屠的头颅提回来见你!"

傅红雪的刀既然已出鞘,他还有什么顾虑?

现在他一心只想杀人!

杀那个杀人的人!

刀尖还在滴着血。

赵平已倒在刀下,卓玉贞就倒在他身旁,只要抬起头,就可以看见从刀尖滴落的血。

一滴滴鲜血落在石地上,再溅开,散成一片蒙蒙的血雾。

傅红雪动也不动地站在那里,看着鲜血从刀尖滴落。

这次他的刀居然还没有入鞘。

卓玉贞挣扎着坐起来,眼睛一直在盯着他的刀。

她实在想看看这把刀究竟有什么神奇的地方?

这把刀杀人时,就好像已被天上诸神祝福过,又好像已被地下诸魔诅咒过!

这把刀上一定有很多神奇的符咒。

她失望了。

——狭长的刀身略带弯曲,锐利的刀锋,不太深的血槽,除了那漆黑的刀柄外,这柄刀看来和别的刀并没有什么不同。

卓玉贞轻轻吐出口气,道:"不管怎么样,我总算看见了你的刀,我是不是应该感激这个死在你刀下的人?"

她说得很轻很慢,仿佛是在自言自语,其实当然不是的。

她只不过想让傅红雪明白,她要做的事,总是能做到。

可是这句话一说出来,她立刻就知道自己说错了,因为她已看见了傅红雪的眼睛。

这双眼睛在一瞬间之前还显得很疲倦、很悲伤,现在忽然就变得比刀锋更锐利冷酷。

卓玉贞的身子不由自主在向后退缩,嗫嚅着问:"我说错了什么?"

傅红雪盯着她,就像是野豹在盯着它的猎物,随时都准备扑起。

但是等到他脸上的红晕消褪时,他只不过叹息了一声,道:"我们都错了,我比你错得更可怕,为什么要怪你?"

卓玉贞试探着问:"你也错了?"

傅红雪道:"你说错了话,我杀错了人。"

卓玉贞看着地上的尸体:"你不该杀他的?他本来岂非正想杀你?"

傅红雪道:"他若真的想杀我,现在地上这尸体就应该是我。"

他垂下头,眼睛里又充满悔恨悲伤。

卓玉贞道:"他不杀你,是不是因为报答你上次不杀他的恩情?"

傅红雪摇头。

——那绝不是报答,你无论砍断了谁一只手,那个人唯一"报答"你的方法,就是砍断你一只手。

——也许那只不过是种莫名其妙的感激,感激你让他知道了一些以前他从未想到的事,感激你还为他保留了一点人格和自尊。

傅红雪了解他的心情,却说不出。

有些复杂而微妙的情感,本就是任何人都说不出的。

刀尖的血已滴干了。

傅红雪忽然道:"这是第一次,也是最后一次。"

卓玉贞道:"我知道,这是你第一次杀错人,也是最后一次。"

傅红雪冷冷道:"你又错了,杀人的人,随时都可能杀错人的。"

卓玉贞道:"那么你是说——"

傅红雪道:"这是你第一次看见我的刀,也是最后一次。"

他的刀终于入鞘。

卓玉贞鼓起勇气,笑着道:"这把刀并不好看,这只不过是把很普通的刀。"

傅红雪已不想再说下去,刚转过身,苍白的脸忽又抽紧:"你怎么能看得见这把刀的?"

卓玉贞道:"刀就在我面前,我又不是瞎子,怎么会看不见?"

她说得有理,可是她忘记了一件事。

这里根本就没有灯光。

傅红雪五岁时就开始练眼力,黑暗闷热的密室,闪烁不定的香头,日复一日,年复一年。

他苦练了十年,才能看得见暗室中的蚊蚁,现在也能看见卓玉贞的脸。

就因为他练过,所以他知道这绝不是件很容易的事。

卓玉贞怎么能看得见这把刀的?

傅红雪的手又握紧刀柄。

卓玉贞忽然笑了笑,道:"也许你还没有想到,有些人天生就是夜眼。"

傅红雪道:"你就是?"

卓玉贞道:"我不但是夜眼,还能看穿别人的心事。"

她的笑容很黯淡:"现在你心里一定又在想,我是不是真的卓玉贞。你当然不会认为我是个妖怪,但却很可能是公孙屠他们派来的奸细,说不定是个很有名的女煞星,甚至连明月心都很可能是被我出卖的，因为没有别的人知道我们在这里。"

傅红雪不能否认。

卓玉贞看着他，眼睛里又有了泪光："你为什么总是不相信我？为什么？"

傅红雪沉默着，过了很久才缓缓道："也许你不该这么聪明的。"

卓玉贞道："为什么不应该？像秋水清那样的男人，怎么会找一个笨女人替他生孩子？"

傅红雪闭上了嘴。

卓玉贞却不肯停止："我生下来的孩子，也一定是聪明的，所以我绝不能让他一生下就没有父亲，我不能让他终生痛苦悔恨。"

傅红雪的脸在抽搐。

他了解她的意思，没有人比他更了解，他也是个一生下来就没有父亲的孩子。

一个没有父亲的聪明孩子，本身就是个悲剧，等他长大后，一定还会替别人造成许多悲剧。

因为他心里的仇恨远比爱多得多。

傅红雪终于叹了口气，道："你可以替你的孩子找个父亲。"

卓玉贞道："我已经找到了一个。"

傅红雪道："谁？"

卓玉贞道："你。"

02

地室中更黑暗,在黑暗中听来,卓玉贞的声音仿佛很遥远!

"只有你才配做我孩子的父亲,只有你才能保证这孩子长大成人,除了你之外,绝没有别人。"

傅红雪木立在黑暗里,只觉得全身每一根肌肉都在逐渐僵硬。

卓玉贞却又做了件更令他吃惊的事。

她忽然抓起了赵平的弧形剑:"你若不答应,我不如现在就让这孩子死在肚里。"

傅红雪失声道:"现在?"

卓玉贞道:"就是现在,因为我感觉到他快要来了。"

她虽然在尽力忍耐着,她的脸却已因痛苦而扭曲变形。

女人生育的痛苦,本就是人类最不能忍受的几种痛苦之一。

傅红雪更吃惊,道:"可是你说过你只有七个月的!"

卓玉贞笑了笑,道:"孩子本来就是不听话的,何况还在肚里的孩子,他要来的时候,谁也没法子阻止。"

她的笑容虽痛苦,却又充满了一种无法描述的母爱和温柔。

她轻轻地接着道:"这也许只因为他急着想看看这世界,也许是因为我刚才被那些人震动了胎气的缘故,所以……"

她没有说下去,阵痛使得她整个人都开始痉挛扭曲。

可是她手里还是紧紧握着那柄弧形剑,就正如傅红雪刚才一直都在握着他的刀。

她显然已下了决心。

傅红雪道:"我……我可以做他的义父。"

他似已用出所有力气才能说出这几个字,连声音都已嘶哑。

卓玉贞道:"义父不能代替父亲,绝不能。"

傅红雪道:"你要我怎么样?"

卓玉贞道:"我要你让我做你的妻子,我的孩子才是你合法的子女。"

阵痛又来了,她咬着牙,勉强笑道:"你若不答应,我绝不怪你,只求你把我们的尸体葬在孔雀山庄的坟地里。"

难道这就是她最后一句话?傅红雪如果不肯答应,她立刻就死!

傅红雪已怔住。

他遭遇过最可怕的敌人,最凶险的危机。

但是他从未遭遇过这样的难题。

秋水清可以说是因为他才死的,卓玉贞可以说是秋水清的妻子。

现在秋水清的尸骨未寒,他怎么能答应?怎么能做这种事?

可是从另一面看,既然秋水清是因为他而死的,孔雀山庄四百年的基业也因他而毁于一夕,现在秋家已剩下这一点骨血,他无论怎么样牺牲,都应该保护她,让她顺利生产,保护她的孩子长大成人。

他又怎么能不答应?

你若遇见这种事,你说你应该怎么办?

03

阵痛的间隔已渐短,痛苦更剧烈,弧形剑的锋刃,已刺破了她的衣服。

傅红雪终于作了痛苦的决定:"我答应!"

"答应做我的丈夫?"

"是的。"

04

这决定是否正确?

没有人能判断,他自己也不能,只是此时此刻,他已没别的选择。

你若是他,你是否也会这么样做?

喘息、呻吟、呐喊……忽然间全部停止,变得死一般静寂。

然后就有一声洪亮的婴儿啼声,划破了静寂,为大地带来了新的生机。

傅红雪的手上染着血,但却是生命的血!

这次他用自己一双手带来的,是生,不是死!

生命在跃动。

他看着自己的手,只觉得心里也在奇妙地跃动着。

赵平的尸体还倒在那里,是死在他刀下的,在那一瞬间,他就已夺去了一个人的生命。

可是现在又有新的生命诞生了,更生动、更活跃的生命。

刚才的痛苦和悲伤,已在婴儿的第一声啼哭里被驱散。

刚才那些罪恶的血腥,已被这新生的血冲洗干净。

在这短短的片刻时间里,他送走了一条生命,又迎接了一条生命。

这种奇妙经验,带给他一种无比鲜明强烈的刺激,他的生命无疑也已变得更生动活跃。

因为他已经过了血的洗礼,就像是一只已经过火的洗礼的凤凰,已获得了第二次新生。

这种经验虽痛苦,却是生命的成长过程中,最珍贵、最不能缺少的。

因为这就是人生!

旧的死亡,新的诞生,人生本就是这样子的。

直到这一刻,傅红雪才真正对生命有了种新的认识,正确的认识!

倾听着怀抱中生命的跃动,他忽然感觉到一种前所未有的宁静和欢愉。

他终于知道自己这决定是正确的,世上绝没有任何事能比生命的诞生更重要。

一个人活着的真正意义,岂非就在于创造宇宙间继起的生命!

卓玉贞正在用虚弱的声音问:"是男的?还是女的?"

傅红雪道:"是男的,也是女的!"

他的声音出奇欢愉:"恭喜你,你生了一对双胞胎。"

卓玉贞满足地叹了口气,疲倦的脸上露出充满幸福的笑容,道:"我也该恭喜你,莫忘记你是他们的父亲。"

她想伸手去抱她的孩子,可是她还太虚弱,连手都抬不起!

就在这时,只听"轰隆隆"一声大震,就像是泰山崩塌,千百斤石块倒了下去,打在这地下密室上,碎石急箭般从石壁上的大洞外射入。

然后这唯一出入的道路,就又被堵死。

傅红雪几乎忍不住要放声狂呼。

新的生命刚诞生,难道他又要迎接一次死亡?

第十三章

生死之间

01

死黑!死寂!

没有光,没有声音,都不可怕,真正可怕的是没有希望。

他们已完全陷入死亡的陷阱里。

孩子们没有哭,孩子们在吃奶,只有在他们的吮吸中,还跃动着生命的活力。

可是他们的生命能维持多久呢?

傅红雪又握紧了他的刀,可是现在这死亡的陷阱连他的刀都已无法突破!

他本该去安慰卓玉贞的,却不知道该说什么,他的心太乱。

生死之间,他一向看得很淡,他放不下的是这两个孩子。

虽然他并不是孩子们的真正父亲,可是他们之间已有了种奇妙的联系,甚至比父子更亲密的联系。

因为这两个孩子是他亲手迎接到人世来的,仿佛已成了他自己生命的延续。

这种情感复杂而微妙,就因为人类有这种情感,所以这世界才能存在。

卓玉贞忽然道:"我听明月心说过,你们以前好像也曾被关在这里?"

傅红雪道:"嗯。"

卓玉贞道:"你以前既然有法子脱身,现在一定也能想出法子来的。"

她眼睛里发着光,充满了希望。

傅红雪实在不忍让她的希望破灭,但却又不能不让她知道事实的真相。

"上次我们脱身,只因为那时候这里正好有件破壁的利器。"

现在这里却已是空的,除了他们四个人之外,只有一具尸体。

尸体已冰冷僵硬,他们迟早也必将变成这样子的。

卓玉贞眼睛里却还存着一线希望:"我常听人说,你的刀就是天下无双的利器!"

傅红雪看着手里的刀,声音中充满痛恨:"这是杀人的利器,不是救人的。"

他痛恨的不是别人,是他自己,只要能让孩子们活下去,他不惜做任何事。

可是他偏偏无能为力。

卓玉贞的希望终于完全破灭了,却勉强笑了笑,道:

"我们至少还有一个希望。"

她在安慰傅红雪："燕南飞要你在这里等,他一定会回来的。"

傅红雪道:"他若要回来,早已该回来,现在就算回来了,也一定会认为我们已不在这里。"

卓玉贞闭上了嘴。

她当然也知道傅红雪说的是事实,燕南飞绝对想不到他们会在这里逗留这么久的,更想不到傅红雪会被人活活埋葬在这里。

以傅红雪的耳目和反应,上面无论任何人只要有一点行动,都应该瞒不过他。

又有谁能想得到那时他正在为孩子接生?又有谁能想得到这里会有孩子的啼哭?

世上本就有很多事是任何人都无法预料的,真实的事有时甚至比神话还离奇。

孩子们又开始哭了。

傅红雪手心在淌着冷汗,他忽然想起他还可以为他们做一件事。

一件他本来宁死也不愿去做的事。

可是现在他一定要去做。

——赵平也是个老江湖,老江湖的身上总是会带着些急救应变的东西。

去剥夺一个死人的所有,这种事他本来一想起就会恶心。

可是现在他却已经在做这种事。

他找出了一个火折子,一卷长绳,一块驱蛇避邪的雄黄精,一瓶刀伤药,半截已经啃过了的人参,一串钥匙,一朵珠花,几个金锞子,几张银票和一封信。

珍珠和黄金本是世人不择手段去夺取的珍宝,甚至不惜用自己的人格去交换,但是现在,却已变得毫无价值。

这岂非也是种讽刺?

生育后的虚弱,孩子们的奶汁。

无论谁都知道卓玉贞现在最需要的就是人参。

傅红雪默默地拔出刀,削去了被啃过的部分——这是他第一次为了件没有生命的东西拔刀,却已是卓玉贞第二次看见他的刀。他不在乎。

他和卓玉贞之间的藩篱,已在生育的过程中被打破了。

现在他们两人之间,也已有了种奇异的联系。

卓玉贞也没有提起这件事,默默地接过人参,眼睛却盯在那朵珠花上。

那是朵牡丹,每一颗珍珠都毫无瑕疵。

柔润的光泽,精巧的铸工,在黑暗中看来更显得非凡和美丽。

她眼睛里又发出了光。

她毕竟是个女人。

珠宝的魅力,本就是任何女人都不能抵抗的。

傅红雪迟疑着,终于递给了她。

也许他本不该这么做，可是此时此刻，他又何苦不让她多享有一点乐趣？一点欣喜？

卓玉贞笑了，笑得就像是个孩子。

啼哭中的孩子忽然已睡着。

傅红雪道："你也该睡了！"

卓玉贞道："我睡不着。"

傅红雪道："只要闭上眼睛，自然就会睡着的。"

他看得出她已很疲倦，她失去太多血，经过太多苦难惊吓。

她的眼睛终于合起，忽然就已沉入了宁静而甜蜜的黑暗里。

傅红雪静静地看着他们，沉睡中的母亲和婴儿们，这本该是幅多么幸福，又多么美丽的图画，可是现在……

他咬了咬牙，决心不让自己流泪。

现在他一定要找出每一样可以帮助他们脱身的东西，他虽然有一双能够在暗中视物的眼睛，但是他也太疲倦。

他闪亮了火折子，第一眼看见的，却是那信封上的八个字：

　　面呈
　　燕南飞吾弟。
　　羽。

羽？

公子羽？

这封信难道是公子羽托赵平交给燕南飞的?

吾弟?

他们之间究竟是什么关系?

傅红雪抑制了自己的好奇,折起这封信,收藏在怀里。

赵平没有机会将这封信交出来,他希望自己还有机会能再见燕南飞。

可是他自己也知道,这希望实在渺茫得很。

对傅红雪来说,除了这封信和人参外,从赵平身上找到的东西根本全无价值。

因为他忽略了一点——像赵平这种男人身上,本不该带着珠花的。

等他想到这一点时,已经太迟。

02

母亲和孩子们都仍在沉睡,黑暗中忽然响起一阵奇异的声音。

傅红雪又亮起火折子,就看见几条蛇从石柜中蹿出来,蹿向左角的阴暗处。

它们受不了这雄黄的气味。

地窖里已没有通风处,空气渐渐沉浊,雄黄的气味显得分外强烈。

傅红雪立刻又发现了一件可怕的事——也许还用不着等到饥渴难耐时，他们就已窒息而死。

尤其是孩子。

孩子们还没有适应环境的能力。

就在这时，他又发现了另一件事，一件令人兴奋的事。

几条蛇一蹿入那阴暗的角落里，就不见了。

那里一定有出路。

角落里的石壁上果然有道裂隙，也不知是早已存在的？还是被他上一次震裂的？

虽然他不是蛇，虽然他不知道这面石壁外是在地上，还是在地下。

可是只要有一点机会，他就绝不能错过。

他拔出了他的刀！

03

卓玉贞醒来时，傅红雪已在石壁上挖掘了很久，石壁上的裂隙已渐渐大了，甚至连最胖的老鼠，都已可出入。

只可惜他们不是老鼠。

孩子们醒了又哭，哭了又睡。

卓玉贞解下外衣，铺在地上，悄悄地放下沉睡中的孩子，挣扎着悄悄站起。

傅红雪在喘息，身上的衣衫已湿透，睡着了的人也许还不觉得,可是他的体力消耗太多,空气的沉浊几乎已令他无法忍受。

他必须立刻脱身,他更用力,忽然间,"嘣"的一响,刀锋上已被崩出个缺口。

这柄刀已成了他身体的一部分,甚至也已是他生命中的一部分。

可是他的手没有停。

卓玉贞咬下一口人参,默默地递过去。

傅红雪摇头:"孩子们要吃奶,你比我更需要体力。"

卓玉贞凄然道:"可是你若倒了下去,还有谁能活?"

傅红雪咬了咬牙,刀锋上又崩出个缺口。

卓玉贞的眼泪流了下来。

这本是天下无双的利器,足以令风云变色,群雄丧胆,可是现在却比不上一把铁锹有用。

这是多么残酷,多么悲哀的事?

这种感觉傅红雪自己当然也能体会到,他几乎已真的要倒了下去。

卓玉贞的手忽然悄悄伸过来,手里满捧着一掌甘泉。

傅红雪刚开口,甘泉就已流入他嘴里,一种无法描述的甘美芬芳直沁入他的心。

这是她的奶汁。

傅红雪本已发誓不再流泪的,可是此时此刻,热泪还是忍不住要夺眶而出。

就在这时,石壁的裂隙中忽然有样东西伸了进来,赫然竟是一把剑。

鲜红的剑!

剑上缚着条衣襟,上面有十个字,是用血写出来的:"我还没有死,你也死不得!"

孩子们又哭了。

洪亮的啼声,象征着活跃的生命!

04

阳光满天。

孩子们终于看见了阳光。

傅红雪只希望世上所有生于黑暗中的孩子,都能活在阳光下。

"我本来已走了,我已走了三次。"

"可是你又回来三次。"

"我自己也不知道为什么要回来,我本来以为你们绝不会在里面的。"燕南飞在笑,"因为我本来做梦也想不到傅红雪也有被人活埋的一天。"

他的笑并没有丝毫恶意,他真的是满心欢愉:"最后一次我本来又准备走了。"

"你为什么没有走?"

"因为我忽然听见了一声奇怪的声音,就好像有人在吃蚕豆一样。"

"那是刀口崩缺的声音。"

"是谁的刀?"

"我的。"

燕南飞的眉挑起,嘴张大,吃惊地看着傅红雪,甚至比听见大地缺了个口还吃惊。

傅红雪却笑了笑,道:"我的刀只不过是把很普通的刀。"

燕南飞道:"你的手呢?"

傅红雪道:"我的手还在。"

燕南飞道:"只要你的手还在,缺了口的刀也一样可以杀人。"

傅红雪笑容忽然消失:"人呢?"

燕南飞叹了口气,苦笑道:"人还在,只可惜我不知道他们在哪里。"

远处有车马,却没有人。

傅红雪道:"你是坐车来的?"

燕南飞笑了笑,道:"三次都是坐车来的,我讨厌走路,能坐车的时候,我绝不走路。"

傅红雪看着他,道:"只因为讨厌走路?不是因为你的腿?"

燕南飞也在看着他,忽然叹了口气,道:"为什么我一点事都瞒不过你!"

孩子是用傅红雪的外衣包着的，燕南飞一直抑制着自己的惊奇，没有问这件事。

因为傅红雪也一直没有提起。

他知道傅红雪这个人若是不愿提起一件事，你最好装不知道！

卓玉贞却已带着笑向他招呼："燕叔叔，你为什么不来看看我们的孩子？"

燕南飞实在有点沉不住气了，忍不住问："你们的孩子？"

卓玉贞用眼角瞟着傅红雪，道："他难道没有告诉你？"

燕南飞道："告诉我什么？"

卓玉贞嫣然笑道："这两个孩子一个姓秋，一个姓傅。男孩子承继秋家的血脉，叫秋小清；女孩子先生出来，叫傅小红。"

她眼睛里充满了骄傲和满足："这是我跟他商量好的，我们已经……"

她红着脸，垂下头。

燕南飞看着她，再看看傅红雪，脸上的表情比刚刚听见刀缺口时更吃惊。

傅红雪却已转过头，将孩子的衣包拉紧，道："你们为什么不先上车去？"

卓玉贞已在车厢中坐下，燕南飞和傅红雪才慢慢地走过去。

他们一直都没有开口,过了很久,傅红雪忽然问:"你想不到?"

燕南飞勉强笑了笑,道:"世上本就有很多令人想不到的事。"

傅红雪道:"你反对?"

燕南飞道:"我知道你一定有苦衷,也许……"

傅红雪打断了他的话,道:"如果时光能倒流,我还是会这么样做。孩子们不能没有父亲,总有一个人要做他们父亲的。"

燕南飞笑容已开朗,道:"除了你,我实在也想不出还有谁能做他们的父亲。"

他走路很慢,走路的姿势竟似已和傅红雪变得差不多,而且还在不停地咳嗽。

傅红雪忽然停下来,盯着他,道:"你受了几处伤?"

燕南飞道:"不多。"

傅红雪忽然出手,拉开了他的衣襟,坚实的胸膛上,赫然有两条指痕。

紫色的指痕,就好像是用颜料画上去的。

傅红雪瞳孔立刻收缩,道:"这是天绝地灭大紫阳手?"

燕南飞道:"嗯。"

傅红雪道:"你腿上中的是透骨钉还是搜魂针?"

燕南飞苦笑道:"若是搜魂针,现在我哪里还站得住?"

傅红雪道:"西方星宿海有人来了?"

燕南飞道:"只来了一个!"

傅红雪道:"来的是多情子?还是无情子?"

燕南飞叹了口气,道:"多情子的手下也一样不留情的。"

傅红雪道:"透骨钉还在你腿上?"

燕南飞道:"现在我腿上只有一个洞。"

他的手从怀里伸出来,掌心已多了件寒光闪闪的暗器。

若将天下所有的暗器选出十种最可怕的来,透骨钉无疑是其中之一。

燕南飞忽又笑了笑,道:"幸好我的运气还不错,他打出了十三枚透骨钉,我只挨了一枚,而且还没有打在我关节上,所以我跑得还比他们快一点,否则多情子不杀我,杨无忌也要了我的命。"

他笑得居然还很愉快:"我可以告诉你一个秘密,杀人的本事我虽不如你,逃命的本事我却绝对是天下第一。"

傅红雪的手也在怀里,等他说完了才拿出来,指尖夹着一封信:"坐上车再看。"

"谁赶车?"

"我。"

燕南飞笑了:"我记得你以前好像不会赶车的。"

傅红雪道:"现在我会了。"

燕南飞道:"你几时学会的?"

傅红雪凝视着他忽然反问:"你以前就会逃命?"

燕南飞想了想,摇了摇头。

傅红雪道:"你几时学会逃命的?"

燕南飞道:"到了非逃命不可的时候。"

傅红雪又闭上嘴,他相信燕南飞已明白他的意思——

一个人到了非去做那件事不可的时候,就一定会做的。

信写得很长,居然有三张纸,还没有上车,燕南飞就已开始看了。

他一向性子急。

傅红雪却很沉得住气,没有问他信上写的是什么。

看来那仿佛是封很有趣的信,因为燕南飞眼睛里带着笑意。

一种充满了讥诮的笑意。

他忽然道:"看来公子羽真是个好人,对我真是关心得要命。"

傅红雪道:"哦?"

燕南飞笑道:"他劝我快快离开你,因为你现在已变成种好像瘟疫一样的东西,无论谁沾着你都会倒霉。"

他大笑,又道:"他甚至还列了一张表。"

傅红雪道:"一张表?"

燕南飞道:"表上将要杀我们的人都列了出来,要杀你的人比想杀我的人还多一个。"

傅红雪冷冷道:"一个不算多。"

燕南飞道:"有时不算多,有时也不算少,只看这个人是谁了。"

他的笑容很不愉快:"严格说来,要杀你的这个人根本不能算一个人。"

傅红雪道:"算什么?"

燕南飞道:"至少也该算十个人。"

傅红雪道:"是不是星宿海的无情子?"

燕南飞道:"跟这个人比起来,无情子最多也只能算是个刚学会杀人的孩子。"

傅红雪道:"这个人是谁?"

燕南飞上了车,关上车门,好像生怕自己会跌下来:"这个人也是用刀的,用的是把很特别的刀。"

傅红雪道:"什么刀?"

燕南飞又将车门拉紧了些,然后才一字字道:"天王斩鬼刀!"

05

车厢很宽敞。卓玉贞将女孩子放在膝上,手里抱着男孩子,眼睛却盯着燕南飞,终于忍不住问:"天王斩鬼刀究竟是把什么样的刀?"

燕南飞勉强笑了笑,道:"老实说,那根本不能算一把刀。"

卓玉贞道:"算十把?"

燕南飞没有直接回答,却反问道:"你看过萧四无的刀?"

卓玉贞想了想,点点头:"我见过他的人,他总是用一把刀修指甲。"

燕南飞道:"至少要五百把那样的刀,才能打出一把天王斩鬼刀!"

卓玉贞吸了口气:"五百把刀?"

燕南飞又问道:"你知道他一刀杀死过几个人?"

卓玉贞道:"两个?三个?五个?"

燕南飞叹了口气,道:"他一刀杀过二十七个人,每个人的头都被他砍成了两半。"

卓玉贞脸色变了,将怀里的孩子抱得更紧些,眼睛看着窗外,勉强笑道:"你是不是故意吓我?"

燕南飞苦笑道:"你若是看见那把刀,就知道我是不是在吓你了。"

他忽然摇头:"可是你当然不会看见的,老天保佑,千万不要让你看见才好。"

卓玉贞没有再问,因为她已看见了一样很奇怪的事:"你看,那里有个轮子。"

马车有车轮子并不奇怪,可是这车轮子怎么会自己往前面滚?

燕南飞忍不住伸头过去看了一眼,脸色也变了,道:"这车轮是我们车上的。"

一句话未说完,车厢已开始倾斜,斜斜地往道路冲了出去。

卓玉贞又大叫:"你看,那里怎么会有半匹马?"

半匹马?世界上怎么会有半匹马?

更吓人的是,这半匹马居然也在往前面跑,用两条腿跑。

忽然间,一片血雨乱箭般激飞而出。

这半匹马又跑出去七八步才倒下,肝肠内脏一条条拖在地上。

燕南飞大喝:"小心。"

喝声未歇,马车就凌空翻了出去,就好像自己在翻跟斗一样。

燕南飞扑过去,抱住了卓玉贞和孩子,飞起一脚,踢开车门。

一只手从外面伸出来,只听傅红雪的声音道:"拉住。"

两只手一拉一提,傅红雪拉住燕南飞,燕南飞抱住卓玉贞和孩子。

叱咤一声,大人和孩子都已飞出。

接着就是"轰"的一响,车厢已撞在道旁的一棵大树上。

撞得粉碎。

正午。

天气明朗,阳光艳丽。

新鲜的阳光正照在大道上,却忽然有一片乌云掩来,挡住了日色,就仿佛连太阳都不忍看见这条大路上刚才发生的事。

车厢已粉碎。

拉车的马已变成两半,后面的一半还套在车上,前面的一半却倒在路中央。

刚才这里究竟发生了什么事?

卓玉贞紧紧抱着孩子,不让孩子哭出来,虽然她也不知道刚才发生了什么事,可是她实在太害怕,怕得连疼痛都已感觉不到。

虽然她全身的骨头都几乎跌散,可是恐惧却已使她完全麻木。然后她就忍不住开始呕吐。

一个年轻的樵夫,站在道旁的树林里,也在不停地呕吐。

刚才他正准备走上这条大路,又退下来,因为他看见一辆马车正往这里奔过来。

赶车的脸色苍白,好像恨不得一下子就将这辆马车赶出八百里路去。

"这人莫非急着赶去奔丧?"

年轻气盛的樵夫正准备骂他两句,还没有骂出口,就看见刀光一闪。

事实上,他根本分不清楚那究竟是刀光,还是厉电。

他只看见一道光从对面的树林里飞出,落在拉车的马背上。

这匹生龙活虎般的奔马,忽然间就分开了——前面的一半,居然和后面一半分开了。

前面的半匹马竟用两条腿奔出来。

以后又发生了什么,这樵夫根本没有看见,他简直不能相信这是真的事。

他希望这只不过是个梦,噩梦。

但是他已经在呕吐。

第十四章

天王斩鬼刀

01

能一刀腰斩奔马的,应该是把什么样的刀?

没有人看见。刀光是从道旁的树林飞出来的,马车又冲出二三十丈,从这里看过去看不见人,更看不见刀。傅红雪挡在卓玉贞和孩子身前,眼睛还在盯着那片浓密的林子,苍白的脸仿佛已白得透明。

燕南飞喘过一口气,立刻问道:"你有没有看见那把刀?"

傅红雪摇摇头。

燕南飞道:"但是你一定已知道那是把什么刀。"

傅红雪点点头。

燕南飞叹了口气,道:"看来公子羽的消息果然灵通得很,苗天王果然来了。"

苗天王的刀,当然是天王斩鬼刀!

傅红雪的手握紧,冷冷地道:"来的人只怕还不少。"

就在这时,道路两头都有两辆大板车并排驶了过来,将来去的道路都完全封锁。

左面第一辆板车上,摆着张木几,两个人正盘膝坐在桌上下棋;第二辆板车上,也坐着两个人,一个在修指甲,一个在喝酒。他们对自己做的事好像都很专心,谁也没有抬起头来往这边看一眼。

傅红雪和燕南飞居然也好像没有看见他们。

右面的第一辆板车上,坐着好几个女人,有老有少,有的在绣花,有的嗑瓜子,还有的在梳头,最老的一个,赫然竟是鬼外婆。第二辆板车上,却摆着口崭新的棺材,还有口吊在铁架上的大铜锅。

据说天下最大的一口锅,就是少林寺的煮饭锅。少林寺的和尚多,终年不见油荤,却整天都在劳动,饭量当然特别大,就算每个和尚一顿吃五碗饭,五百个和尚一顿要吃多少碗?要用多大的锅煮饭,才能让这些和尚吃得饱?

燕南飞到过少林寺,特地去看过那口锅,他天生是个好奇的人。

板车上的这口紫铜锅,看来竟不比少林寺的煮饭锅小。最奇怪的是,锅里居然还有一个人,圆圆的脸,肥头大耳,额角上却有些刀疤毒蛇般挂下来,从眉心一直挂到嘴角,使得他这张看来本该很和气的脸,突然变得说不出的诡异邪恶。

板车走得并不快,铁架上的铜锅轻轻摇荡,人坐在里面,就好像坐在摇篮里一样。

乌云远去，太阳又升高了些，燕南飞的心却在往下沉。

可是他一定要勉强作出笑脸，喃喃道："想不到多情子居然没有来。"

傅红雪冷冷道："一击不中，全身而退，这本是他们星宿海的老规矩。"

燕南飞笑得仿佛更愉快："除了他之外，该来的好像全来了，不该来的也来了。"

他看着铜锅里那脸上有刀疤的胖子，微笑着又道："郝厨子，你怎么会来的？"

胖子脸上的毒蛇在蠕动。他在笑，笑容却使得他的脸看来更狞恶诡秘："我是来收尸的。"

燕南飞道："收谁的尸？"

郝厨子道："什么尸都收，死马收进肚子，死人收进棺材。"

板车全部停下来。下棋的还在下棋，喝酒的还拿着杯子，梳头的也还在梳头。

郝厨子笑道："看来大家今天的口福不错，郝厨子做的五香马肉，并不是人人都能吃得到的。"

燕南飞道："你的拿手菜好像不是五香马肉？"

郝厨子道："我的拿手菜材料不好找，还是将就些吃五香马肉的好。"

这句话说完，他的人已钻出铜锅，下了板车。没有亲眼看见的人，实在难相信这个足足有一百多斤的大胖子，动作居然还这么轻巧灵敏。

他身上也有一把刀，菜刀。

卓玉贞忍不住想问了："这个郝厨子，真的是好厨子？"

燕南飞道："假的。"

卓玉贞道："为什么别人叫他厨子？"

燕南飞道："因为他喜欢炒菜，也因为他喜欢用菜刀。"

卓玉贞道："他的拿手菜是什么？"

燕南飞道："火爆人心，清炒人腰。"

年轻的樵夫刚停止呕吐，只抬头看了一眼，就怔住。他做梦也想不到这地方会忽然变得这么热闹。

今天他只吃了两个干馒头、几根咸菜，本来以为早就全吐完了，再也没有什么可吐的，可是他再多看两眼，立刻又忍不住吐了起来，吐得比刚才还厉害。

郝厨子已拔出了他的菜刀，一刀砍在死马身上，就连皮带肉砍下了一大块，随手一抛，就抛入了那个大铜锅里。他的右手操刀，左手抛肉，两只手一上一落，动作又轻巧，又熟练，一匹马眨眼间就被他剁成了一百三十多块，比别人的刀切豆腐还容易。

马肉已经在锅里，五香料呢？

郝厨子将刀上的血在鞋底上擦干净，就走回去打开了那口棺材；棺材里装着的竟是各式各样的作料，油、盐、酱、醋、茴香、八角……只要你能想得出来，棺材里都有。"

郝厨子喃喃道："这辆破板车，正好作柴烧，等到马车烧光，肉也熟了。"

正在下棋的杨无忌忽然道："我的那份不用太烂，我的牙齿好。"

郝厨子道："出家的道士也吃马肉？"

杨无忌道："有时连人肉都吃，何况马肉。"

郝厨子笑道："道士若是真想吃人肉，等一等这里也会有材料的。"

杨无忌道："我本来就在等，我一点也不着急。"

郝厨子大笑，用眼角瞟着傅红雪，道："人肉最补血，若是多吃点人肉，脸色也就不会发白了。"

他大笑着，用一只手就将那近三百斤重的铜锅连铁架一起提了下来，又用车厢的碎木，在铜锅下生起了一堆火。火焰闪动，烧得"噼啪噼啪"地响。

孩子又哭了，卓玉贞只有悄悄地拉开衣襟，喂他们吃奶。

手里拿着酒杯的公孙屠忽然吐出口气，道："好白的皮肤。"

郝厨子笑道："好嫩的肉。"

正在嗑瓜子的鬼外婆却叹息了一声，道："好可怜的孩子。"

傅红雪只觉胃在收缩，他握刀的手背上青筋凸出，仿佛已将拔刀。

燕南飞却按住了他的手，压低声音道："现在不能动。"

傅红雪当然也看得出现在不能动。这些人虽然故作悠闲,其实却无异是个马蜂窝,只要一动,后果就不堪设想。可是不动又怎样呢?这么样耗下去,难道真的等他们吃完了马肉,再吃人肉?

燕南飞声音压得更低,忽又问道:"你认不认得'八个胆子八条命'杜十七?"

傅红雪摇摇头。

燕南飞道:"这个人虽然不是大侠,却比我认得的那些大侠都有侠气,我已跟他约好了在前面城里的天香楼茶馆见面,只要能找到他,什么事都能解决的,我跟他交情很不错。"

傅红雪道:"那是你的事。"

燕南飞道:"我的事就是你的事。"

傅红雪道:"我不认得他。"

燕南飞道:"可是他认得你。"

下棋的还在下棋,每个人都还在做他自己做的事,根本没有注意他们,就好像已将他们当作死人。

燕南飞又问道:"你是不是很讲理的人?"

傅红雪道:"有时是的,有时不是。"

燕南飞道:"现在是不是已到了不能不讲理的时候?"

傅红雪道:"好像是的。"

燕南飞再问:"卓玉贞和她的孩子能不能死?"

傅红雪道:"不能。"

燕南飞叹了口气,道:"只要你能记住这句话就好了,我们走吧。"

傅红雪道:"走?怎样走?"

燕南飞道:"你一听我说'小狗'两个字,就把卓玉贞和孩子抱上那辆马车,藏到棺材里去,别的事由我来负责!"

他笑了笑又道:"莫忘记我逃命的本事还是天下第一。"

傅红雪闭上了嘴。他当然明白燕南飞的意思,他现在已完全没有选择的余地,无论怎么样,他都绝不能让卓玉贞和孩子落入这些人手里。

鬼外婆坐的那辆板车上,一共有五个女人,除了她之外,都很年轻,而且很不难看。

不难看的意思就是好看,最好看的一个正在梳头,长长的头发,又黑又亮。

燕南飞忽然道:"听说苗天王大大小小一共有七八十个老婆。"

鬼外婆道:"是八十个,他喜欢整数。"

燕南飞道:"听说他不管到哪里,至少还要带四五个老婆跟在身边,因为,他随时随地都可能用得着的。"

鬼外婆道:"他是个精力充沛的男子汉,他的老婆都有福气。"

燕南飞道:"你是不是其中之一?"

鬼外婆叹了口气,道:"我倒很想,只可惜他嫌我太老了。"

燕南飞道:"谁说你老,我看你比那位梳头的老太太至少年轻十岁。"

鬼外婆大笑,梳头的女人脸色已变了,狠狠地盯着他。

燕南飞又朝她笑了笑,道:"其实你也不能算太老,除了鬼外婆外,你还是最年轻的一个。"

现在每个人都已看出他是在故意找麻烦了,却还猜不透他究竟想干什么,本来故意不看他的人,现在也不禁多看他两眼。

他果然又去找郝厨子:"除了剁肉切菜外,你这把菜刀还有什么用?"

郝厨子道:"还能杀人。"

他脸上的毒蛇又开始蠕动:"用一把上面镶满了珍珠的宝刀杀人,跟用菜刀杀人并没有什么不同。"

燕南飞道:"有一点不同。"

郝厨子道:"哪一点?"

燕南飞却不理他了,转过身,打开了棺材,喃喃道:"想不到这里面居然还有葱姜,却不知道有辣椒没有呢?"

郝厨子大声道:"哪一点不同?"

燕南飞还是不理他,道:"哈,这里果然有辣椒,看来这口棺材简直就是个厨房。"

郝厨子本来坐着的,现在却站起来:"你为什么不说?究竟有哪点不同?"

燕南飞终于回头,微笑道:"究竟有哪点不同,我也不知道，我只知道红烧五香马肉里是应该摆点辣椒的。"

他提着串辣椒，走到铜锅旁，又道："大概没有人不吃辣椒的，不吃辣椒的是小狗。"

郝厨子已气得脸都白了，就在这时，突听一声马嘶、一声轻叱。

傅红雪已抱起卓玉贞，卓玉贞抱着孩子，两大两小四个人抢上板车！

卓玉贞将孩子放进棺材，傅红雪挥鞭打马，燕南飞提起吊着铜锅的铁架。

公孙屠掷杯而起，大喝一声："小心！"

两个字未说完，卓玉贞也已钻进棺材，自己合起了盖子。

燕南飞反手一抢，将一锅滚烫的马肉连锅带铁架一起抢了出去，"呼"的一声，飞向对面的板车！

汤汁四溅，健马惊嘶，板车倾倒，一块块滚烫的马肉带着汤汁乱箭般飞出，只要沾着一点，立刻就烫起一个水泡。

板车上的人用衣袖蒙面，飞掠而起！

傅红雪右手握刀，左手挥鞭，已从两辆倾倒的板车间冲了出去！

萧四无身子凌空，突然翻身，右臂上每一根肌肉都已贯注真力。

飞刀就在他的右手上。

杨无忌身子掠起时已反手抓住剑柄。

萧四无的刀已出手。

这一次他完全没有发出一点声音,这一刀还是用出了全力,打的还是傅红雪后背。

板车虽已倾倒,让出的路并不宽,傅红雪必须全神驾驶马车,他背后也没有长眼睛,根本不知道这闪电般的刀光已打过来。就算他知道,也不能回身闪避,否则就算他避开了这一刀,也避不开前面路上的板车!

就在这间不容发的一瞬间,他的刀突然自肋下穿出,"叮"的一响,漆黑的刀鞘迸出火花,一把四寸长的飞刀已被打落在板车上。

杨无忌的剑迅速出鞘,玉女穿梭,凌空下击。

傅红雪肋下挟住刀鞘,反手拔刀,刀光一闪,迎上了剑光。

刀剑并没有相击。剑光的来势虽快,刀更快,杨无忌的剑尖堪堪已刺在傅红雪的咽喉,最多只差一寸,这一寸就是致命的一寸,只听得一声惨呼,鲜血飞溅,漫天血雨中,凭空落下了一条手臂来,手里还紧紧握着剑——形式古雅的松纹铁剑!

杨无忌的人落下来时,正落在那滚烫的铜锅上。

这就是他一生中最有希望杀死傅红雪的一次,这一次他的剑差不多已刺入傅红雪的咽喉里。

只不过差了一寸。

健马长嘶,板车已经绝尘而去,一片鲜血般的剑光飞过来,隔断了道路!

傅红雪没有回头。他听见了燕南飞的咳嗽声,燕南飞为他断后的这一剑,想必也已尽了全力。

他不敢回头去看,他生怕自己一回头,就会留下来,和燕南飞并肩死战。

只可惜有些人是不能死的!

绝不能!

02

冷夜,荒冢。

一辆板车在乱坟堆中停下来,星光如豆,荒凉的乱石岗上渺无人踪。

板车上的棺材里却忽然有个人坐了起来,长发披肩,眼如秋水。她就算是鬼,也一定是个美丽的女鬼,足以令荒冢中夜读的书生为她迷醉。

她眼波流动,仿佛在寻找。她找的并不是书生,而是一个握刀的人。

——傅红雪到哪里去了?为什么将她一个人留在这里?

她眼睛里刚露出恐惧之色,傅红雪就已出现在她眼前。

荒坟间有雾升起,从雾中看过去,夜色仿佛是苍白的,苍白如傅红雪的脸。

看见了这张苍白的脸,卓玉贞虽然松了口气,却还是很惊疑:"我们为什么要到这里来?"

傅红雪不答反问:"一粒白米,要藏在什么地方最安全?"

卓玉贞想了想,道:"藏在一大堆白米里。"

傅红雪道:"一口棺材要藏在什么地方才最不引人注意?"

卓玉贞终于明白他的意思,白米藏在米堆里,棺材藏在乱坟间。

但她却还是有点不明白:"我们为什么不去找燕南飞的那个朋友杜十七?"

傅红雪道:"我们不能去。"

卓玉贞道:"你不信任他?"

傅红雪:"燕南飞能信任的人,我也同样能信任。"

卓玉贞道:"你为什么不去?"

傅红雪道:"天香楼是个大茶馆,杜十七是个名人,我们若去找他,不出三个时辰,公孙屠他们就会知道的!"

卓玉贞叹了口气,柔声道:"想不到你做事比我还细心!"

傅红雪回避了她的眼波,从怀里拿出个油纸包:"这是我在路上买的一只熏鸡,你用不着分给我,我已经吃过东西。"

卓玉贞默默地接过来,刚打开油纸包,眼泪就滴在熏鸡上。

傅红雪假装没有看见:"我已经去看过,附近两三里之内都没有人烟，后面也没有人跟踪我们，你一定要好好睡一觉，天亮时我要你去做一件事。"

卓玉贞道："什么事？"

傅红雪道："去打听杜十七晚上睡在哪里。我去找他的时候，绝不能让任何人见到。"

卓玉贞道："我们还是要去找他？"

傅红雪点点头，道："我的样子太引人注目，认得你的人本就不多，我还懂一点易容。"

卓玉贞道："你放心，我也不是个弱不禁风的女人，我能够照顾自己的！"

傅红雪道："你会不会骑马？"

卓玉贞道："会一点！"

傅红雪道："那么明天一早你就骑马去，到了有人的地方，立刻将这匹马放走，在路上拦辆车，回来的时候，可以买匹驴子。"

北方民风刚健，女人骑驴子倒也不少。

卓玉贞道："我一定会特别小心的，只不过孩子们……"

傅红雪道："孩子们交给我，你喂他们吃饱奶之后再走，所以你今天晚上一定要好好地睡。"

卓玉贞道："你呢？"

傅红雪道："你用不着担心我，有时我走路时都可以睡觉的！"

卓玉贞看着他，眼波中充满了柔情，也充满了怜惜，仿佛有很多话要说。

傅红雪却已转过身,面对着夜色深沉的大地,现在就似已睡着了。

03

正午。

孩子们终于睡着了,卓玉贞已去了三个时辰。

傅红雪坐在坟堆后的阴影里,痴痴地看着面前的一片荒坟,已很久没有动。

他心里在想什么?

——埋葬在这些荒坟里的是些什么样的人?那其中有多少无名的英雄?有多少寂寞的浪子?

——生前寂寞的人,死后是不是更寂寞?

——他死了之后,有没有人埋葬他?埋葬在哪里?

——这些问题有谁能答复?

没有人!

傅红雪长长吐出口气,慢慢地站起来,就看见一匹驴子走上了山岗。

瘦弱而疲倦的驴子,平凡而憔悴的妇人。

傅红雪看着她,心里也不禁对自己的易容术觉得很满意。

卓玉贞终于安全回来,没有人认出她,也没有人跟踪她。

看到傅红雪和孩子，她的眼睛里就发出了光，就像是世上所有的贤妻良母一样，她先过去吻了孩子，又拿出个油纸包道："这是我在镇上买的熏鸡和牛肉，你不必分给我，我已经吃过饭了。"

傅红雪默默地接过来。

她的指尖轻轻触及了他的手，他的手冰冷。

如果一个人已在烈日下待了两三个时辰，如果他的手还是冰冷的，他一定有心事。

卓玉贞看着他，柔声道："我知道你一定在为我担心，所以我一有了消息就赶回来了。"

傅红雪道："你已打听出杜十七……"

卓玉贞抢着道："谁也不知道杜十七晚上睡在哪里。就算有人知道，也没有人肯说。"

杜十七无疑是个很喜欢朋友的人，他当然应该有很多朋友。

卓玉贞道："可是我打听出另一件事。"

傅红雪在听着！

卓玉贞道："他的朋友虽然多，对头也不少，其中最厉害的一个叫胡昆。城里每个人都知道，胡昆已准备在下个月初一之前杀了杜十七，而且好像很有把握。"

傅红雪道："今天好像已经是二十八了。"

卓玉贞点点头，道："所以我心里就在想，这两天杜十七的行踪，胡昆一定知道得比谁都清楚。"

——你若想打听一个人，去找他的朋友，远不如去找他的仇敌。

傅红雪道:"你去找过胡昆?"

卓玉贞道:"我没有。"

她微笑着又道:"但是你可以去找他,可以冠冕堂皇地去找他,用不着怕公孙屠他们知道,他们知道了说不定反而更好。"

她笑得温柔而甜蜜,就像是条又温柔又甜蜜的小狐狸。

傅红雪看着她,忽然明白了她的意思,眼睛里立刻露出了赞赏之意。

卓玉贞道:"城里最大的茶馆不是天香楼,是登仙楼。"

傅红雪道:"胡昆常常到那里去?"

卓玉贞道:"他每天都去,几乎从早到晚都在那里,因为登仙楼就是他开的!"

04

天黑了之后,傅红雪就将卓玉贞和孩子们留在那乱石山岗上。留在那阴森、荒凉、黑暗、恐怖的乱坟间,他怎能放心的?也许就因为那里太荒凉、太黑暗,绝对没有人想得到他会将他们留在那里,所以他才放心。

他是不是真的绝对放心?不是的,可是他一定要为他们安排好很多事,让他们平平安安地活下去,他知道自己绝不能永远陪着他们的!

——世上没有任何一个人能永远陪着另一个人。

——人与人之间无论相聚多久,最后的结局都是别离。

——不是死别,就是生离。

他忽然想到了明月心。

他一直在勉强控制着自己,不让自己去想她。

可是在这无人的山坡上,在这寂寞的静夜里,愈是不该想的事,反而愈容易想起来。

所以他不但想起了明月心,还想起了燕南飞,想起了他们在离别时,明月心凝视着他的眼波,也想起了燕南飞那干涩的咳嗽声,和血红的剑。

现在他们的人在哪里?是在天涯?还是在洪炉里?

傅红雪不知道!

他甚至不知道自己的人在哪里?是在洪炉里?还是在天涯?

他紧紧握着他的刀,他只知道这把刀是从洪炉里炼出来的!

他的人现在岂非也正如洪炉里的刀?

第十五章

先付后杀

01

胡昆站在登仙楼上的雕花栏杆旁,对所有的一切都觉得很满意。

这里是个高尚而有气派的地方,装潢华丽,用具考究,每张桌椅都是上好的楠木,碗盏用的是江南景德镇的瓷器。

到这里来品茶喝酒的,也大多是高尚而有气派的客人。

虽然这里的定价比城里任何地方都至少高出一倍,可是他知道这些人都不在乎,因为奢侈的本身就是种享受。

平时他总是喜欢站在这里,看着这些高尚而有气派的人在他胯下走来走去,让他觉得自己永远都是高高在上的。

虽然他身高还不满五尺,但是这种感觉却总是能让他觉得自己比任何人都高出一个头。

所以他喜欢这种感觉。

他也喜欢高尚而有气派的事，正如他喜欢权力一样。

唯一令他觉得有点烦恼的，就是那个不要命的杜十七。

这个人喝起酒来不要命，赌起钱来不要命，打架的时候更不要命，就好像真的有九条命一样。

"就算他真有九条命，我也绝不能让他活过下个月初一。"

胡昆早已下了决心，而且有了很周密的计划。

只可惜他并没有绝对能成功的把握。

想到这件事，他总是会觉得有点心烦，幸好就在这时，他等的人已来了。

他等的人叫屠青，是他花了三万两银子专程从京城请来杀杜十七的人。

屠青这名字在江湖中并不响亮，因为他做的事根本不允许他太出名。

他要的也不是名声，而是财富。

他是个专门受雇杀人的刺客，每次任务的代价，至少是三万两。

这是种古老而神秘的行业，在这一行里招摇和出风头都是绝对犯忌的事。

在他们自己的圈子里，屠青却无疑是个名人，要的代价也比别人高。

因为他杀人是从不失手的！

屠青身高七尺，黝黑瘦削，一双灼灼有光的眼睛锐利如鹰。

他穿的衣服质料虽然高贵，剪裁合身，但颜色并不鲜艳。

他的态度冷静沉着，手里提着个颜色灰暗的狭长包袱。

他的手干燥而稳定。

这一切都很配合他的身份，让人觉得无论出多高的代价都是值得的！

胡昆对这一切显然也很满意。

屠青已在角落里找了个位子坐下，连看都没有抬头去看一眼。

他的行动必须保守秘密，绝对不让别人看出他和胡昆之间有任何关系，更不能让人知道他是为什么而来。

胡昆吐出口气，正准备回到后面的密室去小饮两杯，忽然又看见一个脸色苍白的陌生人走了进来，走路的姿态怪异而奇特，手里紧紧握着一把刀。

漆黑的刀！刀还在鞘中，他的人却像是柄出了鞘的刀，残酷而锋利。

他的目光也像是刀锋，四下扫了一眼，就盯在屠青身上。屠青低下头喝茶。

这个陌生人嘴角带着冷笑，在附近找了个位子坐下。

忽然间，"哧"一响，一张上好的楠木椅子，竟被他坐断了。

他皱了皱眉，一双手扶上桌子，忽然又是"哧"

一响，一张至少值二十两银子的楠木桌，也凭空裂成了碎片。

现在无论谁都已看得出他是来找麻烦的！

胡昆的瞳孔在收缩。

——难道这个人也是杜十七从外地请来对付他的高手？

他的保镖和打手已准备冲出去，胡昆却用手势阻止了他们。

他已看出这个陌生人绝不是他们能对付得了的！

屠青既然已来了，为什么不趁这个机会先试试他的功夫？

胡昆是个生意人，而且是个很精明的生意人，付出每一两银子都希望能十足收回代价来。

何况，这个陌生人找的也许并不是他，而是屠青。

这个陌生人当然就是傅红雪。

02

屠青还在低着头喝茶。

傅红雪忽然走过去，冷冷道："起来。"

屠青不动，也不开口，别的客人却已悄悄地溜走了一大半。

傅红雪再重复一遍："站起来。"

屠青终于抬起头，好像刚看见这个人一样："坐着比站着舒服，我为什么要站起来？"

傅红雪道："因为我喜欢你这张椅子。"

屠青看着他，慢慢地放下茶杯，慢慢地伸出手，拿起桌上的包袱。

包袱里无疑就是他杀人的武器。

胡昆的手也握紧，心跳忽然加快。

他喜欢看人杀人，喜欢看人流血。

五年来能令他兴奋的事已不多，甚至连女人都不能，杀人已是他唯一还觉得有刺激的事。可是他失望了。

屠青已站起来，拿起了包袱，默默地走开——他的行动一向小心谨慎，当然绝不会在这么多人眼前出手的。

胡昆忽然道："今天小店提前打烊，除了有事找我的之外，各位最好请便。"于是想看热闹的也不能不走了，大厅忽然只剩下两个人——屠青低着头喝茶，傅红雪抬起头，盯着楼上雕花栏杆后的胡昆。

胡昆道："你有事找我？"

傅红雪道："你就是胡昆？"

胡昆点点头，冷笑道："杜十七若是叫你来杀我，你就找对人了。"

傅红雪道："你若想找人去杀杜十七，也找对人了。"

胡昆显然很意外："你？"

傅红雪道："我不像杀人的人？"

胡昆道："你们有仇？"

傅红雪道:"杀人并不一定是为了仇恨。"

胡昆道:"你杀人通常都是为了什么?"

傅红雪道:"为了高兴。"

胡昆道:"要怎么样才能让你高兴?"

傅红雪道:"几万两银子通常就可以让我很高兴了。"

胡昆眼睛里发出了光,道:"我能让你高兴,今天就替我去杀杜十七?"

傅红雪道:"据说你并不是一个很小气的人。"

胡昆道:"你有把握能杀他?"

傅红雪道:"我保证他绝对活不到下月初一。"

胡昆笑了:"能够让朋友们高兴,我自己也很愉快,只可惜你来迟了一步。"

傅红雪道:"你已找到别人?"

胡昆用眼角瞟着屠青,微笑着点头。

傅红雪冷冷道:"你找的若是这个人,就找错人了。"

胡昆道:"哦?"

傅红雪道:"死人是不能杀人的。"

胡昆道:"他是死人?"

傅红雪道:"若不是死人,现在就该杀了我。"

胡昆道:"为什么?"

傅红雪道:"因为你若不能让我高兴,我就一定会去找杜十七。"

胡昆道:"你若去找杜十七,就会让杜十七提防着他。"

傅红雪道:"我还会帮杜十七杀了他。"

胡昆道:"先杀他,再杀我。"

傅红雪道:"杜十七活着,你就非死不可。"

胡昆道:"所以他现在就该杀了你。"

傅红雪道:"只可惜死人是不会杀人的!"

胡昆叹了口气,转向屠青,道:"他说的话你听见没有?"

屠青道:"我不聋。"

胡昆道:"你为什么还不杀了他?"

屠青道:"我不高兴。"

胡昆道:"要怎么样才能让你高兴?"

屠青道:"五万两。"

胡昆好像吃了一惊,道:"杀杜十七只要三万,杀他要五万?"

屠青道:"杜十七不知道我,他知道!"

胡昆道:"所以,你能暗算杜十七,却不能暗算他。"

屠青道:"而且他手里有刀,所以我冒的险比较大。"

胡昆道:"但你却还是有把握能杀了他。"

屠青冷冷道:"我杀人从未失手过!"

胡昆吐出口气,道:"好,你杀了他,我给你五万两。"

屠青道:"先付后杀。"

崭新的银票,一千两一张,一共五十张。

屠青已数过两遍,就像是个守财奴一样,用手指蘸着口水数了两遍,再用一块方巾包起来,收到腰上系着的钱袋里。

用血汗赚来的钱总是特别值得珍惜的。他赚钱虽然很少流汗,却常常流血。

血当然比汗更珍贵!

傅红雪冷冷地看着他,脸上全无表情,胡昆却在微笑,忽然道:"你一定已经是个很有钱的人。"

屠青不否认。

胡昆道:"你成了亲?"

屠青摇摇头。

胡昆的笑容更友善,道:"你为什么不把钱存在我这里,我出你利息,三分息。"

屠青又摇摇头。

胡昆道:"你不肯?难道你不信任我?"

屠青冷冷道:"我唯一信任的人就是我自己。"

他拍了拍衣下的钱囊:"我所有的财产全都在这里,只有一种法子可以拿走!"

胡昆当然不敢问出来,可是眼色却已等于在问:"什么法子?"

屠青道:"杀了我!"

他盯着胡昆:"谁杀了我这就是谁的,所以你也不妨试试。"

胡昆笑了，笑得很勉强："你知道我不会试的，因为……"

屠青冷冷道："因为你没有这么大的胆子。"

他忽然转向傅红雪："你呢？我若杀了你，你有什么留给我？"

傅红雪道："只有一个教训。"

屠青道："什么教训？"

傅红雪道："不要把杀人的武器包在包袱里。要杀人的人，和快要被杀的人都没有耐性，绝不会等你解开包袱的。"

屠青道："这是个很好的教训，我一定会时常记在心里。"

他忽然笑了笑，又道："其实，我自己也同样没有耐性，要等到解开包袱再杀人，我一定也会急得要命。"

他终于伸出手，去解包袱——这包袱里究竟是什么武器？

胡昆实在很想看看他用的是什么武器，眼睛不由自主盯在包袱上。

谁知包袱还没有解开，屠青已出手。他杀人的武器并不在这包袱里，他全身上下都是杀人的武器。只听"咯"的一响，他的腰带上和衣袖里，已同时飞出七道寒光，衣领后射出三枚紧背花装弩，双手打出满把铁莲子，脚尖也有两柄尖刀蹦了出来。

暗器发出，他的人也跃起，拐子鸳鸯脚连环踢出，就在这一刹那间，他已使出了四种致命的武器。他那引人注目的包袱,却还是好好地摆在桌子上。这一招实在出人意料,连胡昆都大吃一惊,就凭这一招已值得他花五万两。

他相信屠青这次也绝不会失手,可是他错了,因为他还不知道这个脸色苍白的陌生人就是傅红雪。

傅红雪已拔刀。

天下无双的刀,不可思议的刀法。

无论多恶毒的暗器,无论多复杂的诡计,遇见了这把刀,都像是冰雪到了阳光下。

刀光一闪,一连串金铃般的轻响,满天暗器落地,每一件暗器都被削断了,都是从正中间断的,就算巧手匠人用小刀一件件仔细分割,也未必能如此精确。

刀光消失后,才看见血。血是从脸上流下的!

屠青的脸。

一道刀口从他眉毛间割下来,划过鼻尖,这一刀只要多用三分力,他的头颅无疑也要被削成两半。

刀已入鞘。

鲜血从鼻尖流落,流入嘴唇,又热又咸又苦。屠青脸上每一根肌肉都已因痛苦而抽搐,他的人却没有动——他知道自己杀人的生涯已结束。

这是种秘密的行业,无声无息地杀人,无声无息地消失。

无论谁脸上有了这么样一条显著的刀疤,都绝对不适宜再干这一行了。

傅红雪看着这条刀疤,忽然挥了挥手,道:"你走吧。"

屠青的嘴唇也在抽搐:"到哪里去?"

傅红雪道:"只要不去杀人,随便哪里你都可以去。"

屠青道:"你……你为什么不杀了我?"

傅红雪道:"你一定要五万两,才肯杀我;要我杀你,至少也得五万两。"

他冷冷地接着道:"我也从来不免费杀人的。"

屠青道:"可是我身上带着的不止五万,你杀了我,就都是你的。"

傅红雪道:"那是另外一回事,我的规矩也是先收费,再杀人。"

规矩就是原则。

无论在哪种行业里,能成功的人,一定都是有原则的人。

屠青不再开口,默默地从钱囊中拿出两沓银票,一沓五十张。

他又仔仔细细数了两遍,摆在桌上,抬头看了胡昆一眼:"这还是你的。"

胡昆在咳嗽。

屠青道:"你可以付他五万两,叫他杀了我。"

胡昆忽然不咳了:"你身上还有多少?"

屠青闭着嘴。

胡昆盯着他,眼睛里又发出光。

屠青已提起了桌上的包袱,慢慢地往外走!

胡昆忽然大声道："杀了他，我付五万两。"

傅红雪冷冷道："要杀这个人，你自己动手。"

胡昆道："为什么？"

傅红雪道："因为他已经受了伤，已没有还手之力。"

胡昆双手握紧栏杆，突听"笃"的一响，三柄飞刀钉在栏杆上。

飞刀是从包袱里拿出来的，这包袱也有杀人的武器。

屠青冷冷道："我从不免费杀人，为了你，却可以破例一次，你想不想试试？"

胡昆脸色早已变了。

他实在猜不透这包袱里还有多少种武器，屠青身上又还有多少种！

但是他已看出来，无论哪种武器，只要有一种，已足够置他于死地。

屠青终于走出去，走到门口突又回头，盯着傅红雪，盯着傅红雪手上的刀，仿佛从未见过这样的人，也从未见过这样的刀。

他忽然问道："贵姓？"

傅红雪道："姓傅。"

屠青道："傅红雪？"

傅红雪道："是的。"

屠青轻轻叹息，道："其实我早就该想到你是谁了。"

傅红雪道:"可是你没有想?"

屠青道:"我不敢想。"

傅红雪道:"不敢?"

屠青说道:"一个人若是想得太多,就不会杀人了。"

03

门外夜色已深,无星无月,屠青一走出去,就消失在黑暗里。

胡昆长长吐出口气,喃喃道:"你为什么不杀了他?难道你不怕他泄露你的秘密?"

傅红雪道:"我没有秘密。"

胡昆道:"难道你已不想去杀杜十七?"

傅红雪道:"我杀人不是秘密。"

胡昆又叹了口气,道:"桌上有八万两银票,杀了杜十七,这些都是你的!"

傅红雪道:"先付后杀。"

胡昆勉强笑了笑,道:"现在你就可以拿去。"

傅红雪拿起银票,也数了两遍,才慢慢地问道:"你知道杜十七在哪里?"

胡昆当然知道:"为了清查他的行踪,我已花了一万五千两。"

傅红雪淡淡道:"杀人本就是件很奢侈的事。"

胡昆叹了口气,看着他将银票收进怀里,忽又问道:"你杀人不是秘密?"

傅红雪道:"不是!"

胡昆道:"你不怕在大庭广众间杀人?"

傅红雪道:"无论什么地方都可以杀人。"

胡昆笑了,真的笑了:"那么你现在就可以去找他。"

傅红雪道:"他在哪里?"

胡昆眯起眼,道:"他正在拼命。"

傅红雪道:"拼命?"

胡昆道:"拼命地赌,拼命地喝。我只希望他还没有输光,还没有醉死。"

04

杜十七不但赢了,而且很清醒。

一个人在赢的时候,总是很清醒的,只有输家才会神志不清。

他正在洗牌。

三十二张用乌木做的牌九,每一张他都仿佛能如意操纵,甚至连骰子都听他的话。

他并没有玩花样,做手脚。一个人赌运来的时候,根本就不必作假。

刚才他拿了一对"长三",统吃,现在他几乎已赢了两万,本来一定还可以多赢些。

只可惜下注的人已渐渐少了,因为大家的口袋都已快空了。

他希望能有一两个新生力军加入,就在这时,他看见一个脸色苍白的陌生人走了进来。

傅红雪在看他洗牌,他的手巨大而有力。

杜十七又推过一次庄,四手牌,两手统吃,却只吃进了三百多两。

下注的人大多都已显得没有生气。

在赌场里,钱就是血,没有血的人,怎么会有生气?

——不知道这个脸色苍白的陌生人,身上的血旺不旺?

杜十七忽然抬头向他笑了笑,道:"朋友是不是也想玩两把?"

傅红雪冷冷地看着他,道:"只玩一把。"

杜十七道:"只玩一把?一把见输赢?"

傅红雪道:"是的!"

杜十七笑了:"好,就要这么样赌才痛快。"

他直起腰,全身的骨节立刻咯咯发响,一块块肌肉在衣下流窜不停。

这是十八年苦练的结果!

他身高八尺二寸,阔肩细腰,据说用一双手就可以扼断牛头。看着他的人,每一个眼睛里都不禁露出敬畏之色,就好像臣子看着他们的帝王。

八十张银票都已拿了出来，崭新的银票，苍白的手。

杜十七道："你有多少？"

傅红雪道："八万两。"

杜十七轻轻吹了声口哨，眼睛亮得就好像燃起了两盏灯，问道："八万两赌一把？"

傅红雪道："不论输赢，只赌一把。"

杜十七道："只可惜我没有那么多。"

傅红雪道："无妨。"

杜十七道："无妨的意思，就是没有关系？"

傅红雪点点头。

杜十七笑了："这些钱莫非是偷来的？所以你不在乎？"

傅红雪道："不是偷来的，是买命的！"

杜十七道："买谁的命？"

傅红雪道："你的！"

杜十七脸上的笑容僵硬，旁边的人手已握紧拳头，有的握紧刀。

傅红雪却连看都没有看一眼，道："我输了，这八万两给你；你输了，就跟我出去。"

杜十七道："为什么要我出去？"

傅红雪道："因为我不想在这里杀你。"

杜十七又笑了，笑得却已有些勉强："你输了，还是要杀我？"

傅红雪道："无论输赢，我都非杀你不可。"

杜十七道:"你的意思是说,不是你杀了我,就是我杀了你,无论谁输谁赢,我们反正都要拼一次命的,只不过这里的人太多,而且都是我的人,所以你不愿在这里出手?"

傅红雪冷冷道:"我不想多杀人。"

杜十七笑道:"你好像很有把握能杀了我。"

傅红雪道:"没有把握,怎么会来?"

杜十七大笑。

傅红雪道:"八万两银子已经可以做很多事,你死了之后,你的朋友兄弟还是用得着的!"

忽然间,一把刀从后面砍过来,直砍他的后颈。

傅红雪没有动,杜十七却已抓住握刀的手。

"叮"的一响,尖刀落下,又是"咯"的一声,刀尖已被拗断。

杜十七沉下脸,厉声道:"这件事跟你们没关系,你们只准看,不准动。"

没有人敢动。

杜十七又笑了:"你们都是我的好兄弟,你们先看我把他这八万两银子赢过来。"

他一把扯开衣襟,露出铜铁般的胸膛,道:"我们怎么赌?"

傅红雪道:"你说!"

杜十七道:"赌小牌九,一翻两瞪眼,最痛快。"

傅红雪道:"好。"

杜十七道:"还是用这副牌?"

傅红雪点点头。

杜十七眨了眨眼,道:"你知道我用这副牌已赢过几把?"

傅红雪摇摇头。

杜十七道:"我已连赢了十六把。用这副牌赌,我的手气特别好。"

傅红雪道:"再好的手气,也有转坏的时候。"

杜十七盯着他,道:"杀人你有把握,赌钱你也有?"

傅红雪淡淡道:"没有把握,怎么会赌?"

杜十七大笑:"这次你错了,赌钱这种事,连神仙都未必有把握,我以前也见过很多像你一样有把握的人,现在都已输得上吊。"

05

三十二张牌排成四行,一行八张。

杜十七推出了一行,道:"我们两个人对赌,上下两家是空门。"

傅红雪道:"我懂。"

杜十七道:"所以我们就不如赌四张。"

傅红雪道:"好。"

杜十七用两根手指推出了四张牌:"骰子掷出的是单,你拿第一副。"

傅红雪道:"牌是你洗的,骰子我来掷。"

杜十七道:"行。"

傅红雪拿起骰子,随随便便地掷了出去。

七点,单。

杜十七道:"我拿第二副。"

两张乌木牌九,"啪"地一合,再慢慢推开。

杜十七眼睛里露出光,嘴角露出了笑,他的兄弟也松了口气。

大家都看得出他手上拿的是副好牌。

傅红雪却冷冷道:"你输了。"

杜十七道:"你怎知道我输了?你知道我手上是什么牌?"

傅红雪道:"是一张天牌,一张人牌,天杠。"

杜十七吃惊地看着他,道:"你看过自己手上的牌没有?"

傅红雪摇摇头,道:"我用不着看,我的牌是对杂五。"

杜十七忍不住掀开他的牌,果然是杂五。

杂五对恰巧赢天杠。

杜十七怔住,每个人都怔住。

然后才是一阵骚动:"这小子有鬼,这小子认得牌。"

傅红雪冷笑道:"牌是谁的?"

杜十七道:"我的。"

傅红雪道:"我动过牌没有?"

杜十七道:"没有。"

傅红雪道:"那么我怎么会有鬼?"

杜十七叹了口气,苦笑道:"你没有鬼,我跟你走。"

又是一阵骚动。

握刀的又想动刀,握拳的又想动手。

杜十七厉声道:"赌钱我虽然输了,赌命我还没有输,你们吵什么?"

骚动立刻静了下来,没有人敢开口。

杜十七又笑了,笑得还是那么愉快:"其实你们都该知道,赌命我是绝不会输的。"

傅红雪道:"你有把握?"

杜十七微笑道:"就算我没有把握,可是我有九条命,你却只有一条。"

06

无星,无月,无灯。

黑暗的长巷,冷清清的长夜。

杜十七忽然叹了口气,道:"其实我也没有九条命,我根本连一条命都没有。"

傅红雪道:"哦?"

杜十七道:"我这条命已经是燕南飞的。"

傅红雪道:"你知道我是谁?"

杜十七点点头道："我欠他一条命，他欠你一条，我可以替他还给你。"

他停下来，脸上还带着微笑："我只希望你能让我明白一件事。"

傅红雪道："什么事？"

杜十七道："你怎么认得那些牌的？"

傅红雪没有回答，却反问道："你知不知道每个人手指都有指纹？"

杜十七道："我知道，有的人手上是箕，有的人手上是箩。"

傅红雪道："你知不知道世上绝没有两个人的指纹是完全相同的？"

杜十七不知道。

这种事在那时根本没有人知道。

他苦笑道："我很少去看别人的手，尤其是男人的手。"

傅红雪道："就算你常常看，也看不出，这其间的分别本来就很小。"

杜十七道："你看得出？"

傅红雪道："就算是同一模子里烘出来的饼，我也能一眼看出它们的分别来。"

杜十七叹道："这一定是天才。"

傅红雪淡淡道："不错，是天才，只不过这种天才却是在连一点光都没有的密室中练出来的。"

杜十七道："你练了多久？"

傅红雪道："我只不过练了十七年，每天只不过练三五个时辰。"

杜十七道："你拔刀也是这样练出来的？"

傅红雪道："当你练眼力的时候，一定要不停地拔刀，否则就会睡着。"

杜十七苦笑道："现在我总算明白'天才'是什么意思了。"

天才的意思就是苦练，不停地苦练。

傅红雪道："那副牌九是用木头做的，木头上也有木纹，每张牌上的木纹都不同。我已看你洗过两次牌，那三十二张牌我已没有一张不认得。"

杜十七道："那手骰子掷出的若是双，你岂非还是输？"

傅红雪道："那手骰子绝不会掷出双的。"

杜十七道："为什么？"

傅红雪淡淡道："因为掷骰子我也是天才。"

长巷已到了尽头，外面的道路更黑暗。

现在夜已很深。

傅红雪忽然掠上屋脊，最高的一层屋脊，附近每一个阴暗的角落都在他眼底。

他杀人就不是给人看的，这一次更不能让任何人看见。

杜十七终于也跟上来："你究竟要我干什么？"

傅红雪道："要你死！"

杜十七道:"真的要我死?"

傅红雪道:"现在你就已是个死人。"

杜十七不懂。

傅红雪道:"从现在开始,你至少要死一年。"

杜十七想了想,好像已有点懂了,却还是不太懂。

傅红雪道:"甚至连棺材我都已替你准备好,就在城外的乱葬岗上。"

杜十七眨了眨眼,道:"棺材里是不是还有些别的东西?"

傅红雪道:"还有三个人。"

杜十七道:"活人?"

傅红雪道:"可是有很多人都不想让他们活下去。"

杜十七道:"你是不是一定要让他们活下去?"

傅红雪点点头,道:"所以一定要替他们找个安全秘密的地方,绝不能让任何人找到他们。"

杜十七眼睛渐渐亮了:"然后我就把棺材抬回来,替自己风风光光地办件丧事。"

傅红雪道:"你一定要死,因为谁也不会想到要去找个死人追查他们的下落。"

杜十七道:"何况我又是死在你手里的,别人一定会认为这是跟胡昆的交换条件——你替他杀了我,他替你藏起那三个人。"

现在他终于明白了,这本是件很简单的事,只不过傅红雪做得很复杂而已。

傅红雪道:"我不能不特别小心,他们的手段实在太毒辣。"

杜十七道："他们究竟是些什么人？"

傅红雪道："杨无忌、萧四无、公孙屠，还有一把天王斩鬼刀。"

他没有说出公子羽的名字，他不愿让杜十七太吃惊。

可是这四个人的名字，已经足够让一个有八个胆子的人吃惊了。

杜十七凝视着他，道："他们要对付你，你当然也不会放过他们。"

傅红雪也不否认。

杜十七忽然叹了口气，道："我并不怕他们，因为，我已是个死人，死人就用不着再怕任何人，可是你……"

傅红雪不否认。

杜十七道："你将这里的事安排好，是不是就要去找他们？"

他看了看傅红雪，再看了看那柄漆黑的刀，忽然又笑了笑，道："也许应该担心的并不是你，而是他们，一年后说不定也都变成了死人。"

傅红雪目光在远方，人也仿佛到了远方。

远方一片黑暗。

他紧紧握着他的刀。

过了很久，才缓缓道："有时我也希望我能有九条命，要对付他们那些人，一条命实在太少了。"

07

荒凉的山谷，贫瘠的土地。

山村里只有十几户人家，山麓下一栋小屋有竹篱柴扉，还有几丛黄花。

杜十七远远地看着竹篱下的黄花，眼睛里仿佛充满了柔情。

到了这里，他好像已忽然变成了个纯朴的乡下人。

傅红雪心里仿佛也有很多感慨。

他刚从小屋出来，出来的时候卓玉贞和孩子都已睡着。

——你们可以安心待在这里，绝不会有人找到这里来的。

——你呢？你要走？

——我不走，我也要在这里住几天。

他一直很少说谎，可是这次说的却是谎话。

他不能不说谎话，因为他已不能不走，既然要走了，又何必再多留伤悲？

傅红雪轻轻叹息，道："这是个好地方，能够在这里安安静静过一辈子，一定是有福气的人。"

杜十七勉强笑了笑，道："我就是在这里长大的，我本来也可以做个有福气的人。"

傅红雪道："那么，你为什么要走？"

杜十七沉默着,过了很久,忽然问道:"你有没有看见那边竹篱下的小黄花?"

傅红雪点点头。

杜十七道:"那是个小女孩种的,一个眼睛大大、辫子长长的小女孩。"

傅红雪道:"现在她的人呢?"

杜十七没有回答,也不必回答,眼睛里的泪水,已替他说明了一切。

——黄花仍在,种花的人却已不在了。

又过了很久,他才缓缓道:"其实我早就应该到这里陪陪她的,这几年来,她一定很寂寞。"

——人死了之后,是不是也同样会寂寞?

傅红雪拿出了那沓银票,交给杜十七:"这是胡昆想用来买你这条命的,你们随便怎么花,都不必觉得抱歉。"

杜十七道:"你为什么不自己交给她?难道你现在就要走?"

傅红雪点点头。

杜十七道:"难道你不向她道别?"

傅红雪淡淡道:"既然要走,又何必道别?"

杜十七道:"你为她做了这么多事,她当然一定是你很亲的人,你至少也应该……"

傅红雪打断了他的话:"你为我做了这么多事,你并不是我的亲人。"

杜十七道:"但我们是朋友。"

傅红雪冷冷道:"我没有亲人,也没有朋友。"

夕阳西下,又是夕阳西下的时候。

傅红雪走到夕阳下,脚步还是没有停,却走得更慢了,就仿佛肩上已坠着一副很沉的担子。

——他真的没有亲人?没有朋友?

杜十七看见他孤独的背影远去,忽然大声道:"我忘了告诉你一件事,胡昆已死了,被人用一根绳子吊死在登仙楼的栏杆上。"

傅红雪没有回头:"是谁杀了他?"

杜十七道:"不知道,没有人知道,我只知道杀他的人临走时留下两句话。"

那两句话是用鲜血留下来的——这是我第一次免费杀人,也是最后一次杀人。

夕阳更暗淡,傅红雪眼睛里却忽然有了光。

屠青终于放下了他的刀,屠刀。

这种人若是下了决心,就永远不会更改的。

——可是我呢?我手里拿着的岂非也是把屠刀,我要等到什么时候才能放下来?

傅红雪紧紧地握着他的刀,眼睛里的光又暗淡了。

他还不能放下这把刀。只要这世界上还有公孙屠那种人活着,他就不能放下这把刀!

绝不能!

第十六章

天龙古刹

01

正午,阳光满天。

傅红雪从客栈里走出来的时候,只觉得精神抖擞,足以对付一切困难和危险。

他整整睡了一天,又在热水里泡了半个时辰,多日来的疲倦都已随着泥垢被冲洗干净。

近年来很少拔刀,他发觉用刀来解决问题,并不一定是最好的法子。

可是现在他的想法已改变,所以他必须振作起来。

因为杀人不但是件很奢侈的事,而且还需要足够的精神和体力。

现在他虽然还不知道那些人在哪里,可是他相信一定能找出些线索的。

02

郑杰是个樵夫,二十一岁,独身,住在山林间的一座小木屋里,每天只下山一次用干燥的柴木来换食盐、大米、肥肉和酒,偶尔也会到城门后那些阴暗的小巷中去找一次廉价的女人。

他砍来的柴总是卖给大路旁的茶馆,他的柴干燥而便宜,所以茶馆里的掌柜总是会留他喝碗茶再走,有时他也会自己花钱喝壶酒!

即使在喝了酒之后,他也很少开口,他并不是个多嘴的人。

可是这两天他却很喜欢说故事,一个同样的故事,他至少已说了二三十遍。

每次他开始说的时候,总要先强调:"这是千真万确的事,是我亲眼看见的,否则我也不会相信。"

故事发生在三天前的中午,从他看见树林里有刀光一闪的时候开始。

"你们一定做梦也想不到世上会有那样的刀,刀光只闪了一闪,一匹生龙活虎的好马,忽然就被砍成了两半。

"有个看来就像是花花大少般的年轻人,用的剑竟是鲜红的,就像是血一样,无论谁只要一碰到他那把剑立刻就得躺下。

"他还有个朋友,一张脸白得发青,白得像是透明的。

"这个人更可怕……"

同样的故事虽然已说了二三十遍,说的人还是说得津津有味,听的人也还听得津津有味。

可是这一次他居然没有说完就闭上了嘴,因为他忽然发现这个脸色发白的人站在他面前,一双眼睛正如刀锋般盯着他。

漆黑的刀,闪电般的刀光,乱箭般的血雨……

郑杰只觉得胃部又在收缩抽搐,几乎又忍不住吐了出来。

他想溜,两条腿偏偏已发软。

傅红雪冷冷地看着他,忽然道:"说下去。"

郑杰勉强做出笑脸:"说……说什么?"

傅红雪道:"那天我走了之后,你又看见了什么事?"

郑杰擦了擦汗,道:"我看见了很多事,可是我全都没有看清楚。"

他并没有完全在说谎,当时他的确已经快被吓得晕了过去。

傅红雪想知道的也只有一件事:"那个用红剑的人后来怎么样了?"

郑杰这次回答得很快:"他死了。"

傅红雪的手握紧,心下沉,全身都已冰冷,很久之后才能开口问:"他怎么会死的?是谁杀了他?"

郑杰道:"他本来不会死的,你赶着车走了之后,他替你挡住了那三个人，别人好像都不敢去碰他的剑，所以他也找个机会走了，走得可真快，简直就像一阵风一样。"

他嘴里在说话的时候，心里在想着当时的经过，脸上的表情也跟着有很多种不同的变化。

可是他说得很快，因为这故事他已说熟："只可惜他刚蹿入道旁的树林，那道斩马的刀光，又忽然飞了出来，他虽然避开了第一刀，但是那个人第二刀又砍了下来，而且一刀比一刀快。"

他没有说下去，也不必说下去，因为结局大家都已知道！

前面是天王斩鬼刀，后面是公孙屠和萧四无，无论谁在那种情况下，结局都是一样的。

傅红雪沉默着，表面看来虽然平静，心里却好像有千军万马在冲刺践踏。

明月消沉，燕子飞去，也永不再回了。

他沉默了很久，才问道："那个人是个什么样的人？"

郑杰道："他看来简直就像是天神，就像是魔王一样，站在那里至少比任何人都高出一个头，耳朵上戴着金环，穿着身用兽皮做的衣服，手上提的那把刀，最少也有七八尺长。"

傅红雪道："后来呢？"

郑杰道："那个外号叫厨子的人，本来想把你那朋友斩碎了放在锅里煮的，可是本来在下棋的一个人却坚决反对,后来……"

他吐出口气,接着道:"后来他们就将你那朋友的尸体,交给了天龙古刹的和尚。"

傅红雪立刻问:"天龙古刹在哪里?"

郑杰道:"听说就在北门,可是我没有去过,很少人到那里去过!"

傅红雪道:"他们交给了哪个和尚?"

郑杰道:"天龙古刹里好像只有一个和尚,是个疯和尚,听说他……"

傅红雪道:"他怎么样?"

郑杰苦着脸,仿佛又将呕吐:"听说他不但疯,而且还喜欢吃肉,人肉。"

03

阳光如火焰,道路如洪炉。

傅红雪默默地走在洪炉上,没有流一滴汗,也没有流一滴泪。

他已只有血可流。

——能够坐车的时候,我绝不走路,我讨厌走路!

他恰巧和燕南飞相反,能够走路的时候,他绝不坐车!

他好像故意要折磨自己的两条腿,因为这两条腿带给他太多不便和痛苦。

——有时候我甚至在走路的时候都可以睡着。

现在他当然不会睡着,他的眼睛里带着种很奇怪的表情,却不是因为悲哀和愤怒造成的,而是由于疑惑和思索。

然后他就突然转回头,往来路!

他又想起了什么?

是不是他心里还有些想不通的事,一定要回去问那年轻的樵夫?

可是郑杰已不在那茶馆里。

"他刚走了。"茶馆的掌柜道,"这两天他总是在这里说那故事,总要坐到天黑以后才走,可是今天走得特别早。"

他对这脸色苍白的陌生人显然也有些畏惧,所以说话时特别小心,也说得特别详细:"而且他走得很匆忙,好像有什么急事要去做。"

"他是从哪条路走的?"

掌柜指着对面一条长巷,脸上带着阿谀而淫猥的笑容:"那条巷子里有个他的老相好,好像是叫作小桃子,他一定是找她去了。"

阴暗肮脏的窄巷,沟渠里散发着恶臭,到处都堆着垃圾。

傅红雪却像是完全没有感觉。

他眼睛里发着光,握刀的手上青筋凸起,仿佛很兴奋,很激动。

他究竟想到了什么?

一扇破烂的木板门后,忽然闪出个戴着串茉莉花的女人。

花香,廉价脂粉,和巷子里的恶臭混合成一种低贱而罪恶的诱惑。

她故意将自己一张脂粉涂得很厚的脸,挨近傅红雪,一双手已悄悄过去,故意摩擦着傅红雪大腿根部的某点。

"里面有张床,又软又舒服,再加上我和一盆热水,只要两钱银子。"

她眯着眼,眼睛里露出了淫荡的笑意:"我只有十七岁,可是我的功夫好,比小桃子还好。"

她笑得很愉快,她认为这次交易已成功了。

因为这个男人的某一部分已有了变化。

傅红雪苍白的脸突然发红,他不仅想呕吐,而且愤怒。在这么样一个低贱的女人面前,他竟然也不能控制自己生理上的欲望。

这是因为他已太久没有接触过女人?还是因为他本来就已很兴奋?

——无论哪一种兴奋,都很容易就会引发性的冲动。

戴着茉莉花的女人身子挨得更近了,一双手也动得更快。

傅红雪的手突然挥出,重重捆在她脸上,她的人也跌倒,撞到木板门,仰面跌在地上。

奇怪的是,她脸上并没有惊讶愤怒的表情,却露出种说不出的疲倦、悲哀和绝望。

这种侮辱她早已习惯了,她的愤怒早已麻木。令她悲哀的是,这次交易又没有成功。

今天的晚饭在哪里?一串茉莉花是填不饱肚子的。

傅红雪转过脸,不忍再看她,将身上所有的银子都掏出来,用力掷在她面前。

"告诉我,小桃子在哪里?"

"就在最后面靠右首的那一家。"

茉莉花已掉了,她爬在地上,捡着那些散碎的银子,根本不再看傅红雪一眼。

傅红雪已开始往前走,只走出几步,忽然弯下腰呕吐。

巷子里只有这扇门最光鲜体面,甚至连油漆都没有剥落。

看来小桃子非但功夫不错,生意也很不错。

门里静悄悄,没有声音。

一个年轻力壮的男人,和一个生意不错的女人,在一间屋子里,怎么会如此安静?

门虽然上了闩,却并不牢固,做这种事的女人并不需要牢固的门闩。

就正如她们绝不需要一根牢固的裤带。

推开门,里面就是她们的客厅,也就是她们的卧房,墙壁好像还是刚粉刷过的,挂满了各式各样令人意想不到的图片。

一大把已枯萎了的山茶花插在桌上的茶壶里，茶壶旁摆着半碗吃剩下的猪腰面。

吃腰补腰，这种女人也并不是不注意补养自己身体的。身体就是她们的本钱，尤其是腰。

除了一张铺着大红绣花被的木板床之外，屋子里最奢华的一件东西就是摆在床头上的神龛，那精致的雕刻、高贵的黄幔，恰巧和四壁那些淫猥低劣的图片形成一种极强烈的对比。

她为什么要将神龛放在床头？

难道她要这些神祇亲眼看到人类的卑贱和痛苦？看着她出卖自己，再看着她死。

小桃子已死了，和郑杰一起死在床上，鲜血将那床大红绣花被染得更红。

血是从颈子后面的大血管里流出来的，一刀就已致命。

杀人的不但有把快刀，而且还有极丰富的经验。

傅红雪也并不惊讶，难道这件事本就在他意料之中？

——一个平时并不多嘴的人，怎么会整天在茶馆说故事？连柴都不砍了。

——他喝酒，吃肉，而且嫖女人，当然不会有积蓄。

——那么他两天不工作之后，怎么会有钱来找小桃子？

——而且那故事他说得太熟，太精彩，甚至连脸上的表情都能完全配合，就好像早已习惯了很久。

从这些线索推理出的结论已很明显!

——他故意留在人最多的茶馆里不停地说故事,为的就是傅红雪去找他。

——公孙屠他们给了他一笔钱,要他说谎,说给傅红雪听。

——所以现在他们又杀了他灭口。

只不过这些推论纵然完全正确,却仍然还有些问题存在!

——他说的那故事中,究竟有哪些是真的?哪些是谎话?他们为什么要说那些谎话?是为了要替杀死燕南飞的真凶掩饰?还是为了要让傅红雪到天龙古刹?

傅红雪不能确定。可是他已下了决心,就算天龙古刹是个杀人的陷阱,他也非去不可。

就在这时,血泊中那赤裸的女人突然飞身而起,从枕下抽出一把刀,直刺他的胸膛。

后面的衣柜里,也有个人蹿了出来,掌中一柄银枪毒蛇般地刺向他的背。

这是绝对出人意料的一招。

郑杰真的死了,没有人会想到死在他身旁的女人还活着。

也没有人去注意一个赤裸倒卧在血泊中的低贱女人。

更没有人能想到这女人的出手不但狠毒准确,而且快如闪电。

傅红雪没有动,也没有拔刀,他根本用不着招架闪避。

就在这一刹那间,门外突然有刀光一闪,擦着那银枪刺客的右颈飞过,钉在那赤裸女人的咽喉上。

鲜血箭一般从男人的右颈后飙出来,女人的身子刚掠起,又倒下。

刀光只一闪,就夺去了两个人的性命魂魄。

鲜血雨点般洒落。

傅红雪慢慢地转过身,就看见了萧四无。

他手里还有一把刀,这次他没有修指甲,只是冷冷地看着傅红雪。

傅红雪冷冷道:"一刀两命,好刀!"

萧四无道:"真的好?"

傅红雪道:"好!"

萧四无转身走了两步,忽又回头,道:"你当然看得出我并不是要杀你。"

傅红雪道:"哦?"

萧四无道:"我只不过想要你再看看我的刀。"

傅红雪道:"现在我已看过!"

萧四无道:"你已看过我三次出手,还有两次是对你而发的,对于我的出手,世上已没有别人能比你更清楚。"

傅红雪道:"很可能。"

萧四无道:"叶开是你的朋友,你当然也看过他出手。"

傅红雪承认。

他当然看过,而且不止一次。

萧四无道:"现在我只想问你一件事,你若不愿告诉我,我也不怪你。"

傅红雪道:"你问。"

萧四无道:"我的飞刀究竟有哪一点比不上叶开?"

傅红雪沉默着,过了很久才缓缓道:"你出手暗算我两次,第一次虽尽全力,却在出手前就已发声示警;第二次虽未出声,出手时却留了两分力。"

萧四无也不否认。

傅红雪说道:"这只因为你自己心里也知道不该杀我的,你根本没有非杀我不可的理由,所以你出手时,就缺少了一种无坚不摧的正气。"

他慢慢地接道:"叶开要杀的,却都是非杀不可的人,所以他比你强!"

萧四无道:"就只这一点?"

傅红雪道:"这一点就已足够,你就已永远比不上他!"

萧四无也沉默了很久,忽然转过身,头也不回地走了。

傅红雪并没有回头。

走出一段路,萧四无忽又回头,大声道:"你看着,总有一天我会比他强的,等到那一天,我一定要杀了你。"

傅红雪淡淡道:"我一定等着你。"

04

若要杀人,百无禁忌。

这一次傅红雪是不是也该杀了萧四无的?

——你这次不杀他,下次只怕就要死在他刀下。

这次傅红雪又没有出手,但是他并不后悔,因为他已放下了一把种子,放在萧四无的心里。

是正义的种子。

他知道这些种子总有一天会开花结果的。

走出窄巷时,那十七岁的小女人又在鬓角插上了那串茉莉花,站在门口,偷偷地看着傅红雪,显得有点害怕,又有点好奇。

从来也没有人会无缘无故给她几十两银子,这个脸色苍白的跛子一定是个怪人。

傅红雪虽然不愿再看到她,却还是难免看了一眼。

等他走到巷口,她忽然大声道:"你打我,就表示你喜欢我,我知道你以后一定还会来找我的。"

她的声音更大:"我一定等着你。"

05

天龙古刹就是大天龙寺,本是个香火鼎盛的地方,谁也不知道为了什么忽然冷落下来的,可是关于这方面的传说却很多。

流传最广的一种传说是:这外貌庄严的古刹,其实却是个淫窟,进香拜佛的美貌妇女,常常会被掳入庙里的机关密室中去,不从的就被活活打死。

所以每到无星无月的晚上,附近就会有她们的孤魂冤鬼出现。

至于这庙里是不是真的有机关密室?究竟有多少良家妇女被奸淫污辱?谁也不能确定,因为谁也没有亲眼看见过!

可是自从这种流言一起,到这来进香的人就渐渐少了。

一个人若是相信只用一点香油钱就可以换取四季的平安多福,对于流言的真假,当然也就不会去研究得很仔细。

古刹外是一片茂密的丛林,虽然在春天,落叶也堆得很厚。

本来那条直达庙门的小路,早已被落叶荒草掩没,就算是来过多次的人,一走入这阴暗的树林,也很难辨认路途。

傅红雪连一次都没有来过！

从他现在站着的地方看去，四周都是巨大的树木，几乎完全都是一模一样的。

他根本分不出要往哪个方向走才正确。

正在犹豫间，落叶上已响起了一阵脚步声，一个眉清目秀、清雅如鹤的僧人，踏着落叶施然而来，一身飘逸的月白僧衣上，点尘不染。

他的年纪虽不大，看来却无疑是个修为极深的高僧。

傅红雪虽然并不是个虔诚的佛徒，对于高僧和名士却同样尊敬。

"大师往何处去？"

"从来处来，当然是往去处去。"

僧人垂眉敛目，双手合十，根本连看都没有看他一眼。

傅红雪却还是不肯放弃问路的机会，现在已没有时间容他走错路。

"大师可知道天龙古刹往哪里走？"

"你跟我来。"

僧人的步履安详而缓慢，看来这条路就算是通往西天的，他也绝不会走快一步。

傅红雪只有慢慢地在后面跟着！

天色更暗了，他们终于来到一座小小的六角亭前，亭外的栏杆朱红漆已剥落，亭内放有一张琴、一局棋、一壶酒、一副笔墨，还有个红泥小火炉。

在这幽静的树林里，抚琴下棋，吟诗煮酒，高僧正如名士，总是雅兴不浅的。

傅红雪虽然从来也没有这样的闲情雅致，对于别人这种高尚的嗜好，也同样尊敬。

清雅如鹤的高僧，已走入小亭，拾起一枚棋子，凝视着，眼睛里带着思索的表情，仿佛正在考虑着，不知应该怎么走这一步棋。

于是他将这枚棋子，慢慢地放进嘴里，"咕嘟"一声，吞了下去。

然后又将那张琴劈碎，塞入火炉里，点起一把火，将壶里的酒倒出来洗脚，却将石砚中的墨汁倒入壶里，摆到火上去煮，再将棋盘捧起来，不停地敲打，脸上露出满意的笑容，竟像是觉得这种声音，远比琴声悦耳动听。

傅红雪看得怔住。

——这修为高深的高僧，难道竟是个疯和尚？

傅红雪又怔住。

——那和尚不但疯，而且喜欢吃肉，人肉。

僧人上上下下地看着他，好像正在打量他身上有几斤可吃的肉。

傅红雪却还是不能相信。

"你真的是个疯和尚？"

"疯就是不疯，不疯就是疯。"僧人嘻嘻地笑着，"也许真正疯的不是我，是你。"

"是我？"

"你若不疯，为什么要去送死？"

傅红雪的手握紧,道:"你知道我是谁?知道我要到哪里去?"

僧人点了点头,又摇了摇头,忽然仰面向天,喃喃道:"完了完了,千年的古刹就要倒塌,人海中到处血腥,你叫和尚到哪里去?"

他忽然提起炉上的酒壶,对着口往嘴里倒,墨汁从嘴角流出来,玷污了他一尘不染的月白僧衣。

他忽然跪到地上,放声痛哭起来,指着西方大声道:"你要去死,就赶快去吧,有时活着的确还没有死了的好。"

就在这时,西方忽然有钟声响起!

只有古刹的千年铜钟,才能敲得出如此清脆响亮的钟声。

古刹中若只有一个疯和尚,敲钟的人是谁?

痛哭着的僧人忽然又跳起来,眼睛里充满了惊吓与恐惧。

"这是丧钟。"他大叫着道,"丧钟一响,就一定有人要死的!"

他跳起来用酒壶去掷傅红雪,接着道:"你若不死,别人就要死了,你为什么还不赶快去死?"

傅红雪看着他,淡淡道:"我去。"

第十七章

丧钟

01

钟声停了,余音犹在。傅红雪已到了天龙古刹的大门外。

暗灰色的古老建筑虽已陈旧,却依稀仍可想见昔日的庄严宏大。院子里一座巨大的千斤鼎上铜绿斑斑,石阶上也长满青苔,虽然显得有些凄凉冷落,可是雄伟的大殿仍然屹立如山,廊间的庭柱也壮如虎腰。

这已历尽沧桑的古刹,怎么会突然倒塌?

"疯和尚说的当然是疯话。"

大殿里供奉的神祇,久已未享人间肉食香火,却还是高高在上,俯视着人类的悲痛和愚昧。殿角已结起蛛网,破旧的神幔在风中飘荡,听不见人声,也看不见人影。

那敲钟的人呢?

傅红雪默默地站在神前,心里忽然有了种奇怪的感觉,忽然想跪下去,跪在这镀金已剥落的佛像前,祈求平安——为卓玉贞和她的孩子们祈求平安。

这是他生平第一次变得如此虔诚，可是他并没有跪下去，因为就在这时，大殿外突然传来"哧"一声响。

他转过头，就看见外面有一道惊虹厉电般的刀光飞舞闪动。刀光过处，那粗如虎腰的庭柱立刻被砍断，只听哧哧之声不绝于耳，山岳般屹立的大殿突然开始摇动。

他抬起头，立刻又发现殿上那巨大的梁木已往下倾斜。

那疯和尚说的并不是疯话！飞舞的刀光绕着大殿闪过，这屹立千年的古刹竟真的已将倒塌！

那究竟是柄什么样的刀？竟有如此可怕的威力！

傅红雪紧紧握着他的刀！

这柄刀本是天下无双的利器，可是这柄刀也绝没有如此可怕的威力！

"轰"的一声震动，大殿已倒塌了一角。

可是傅红雪并没有倒下去。山可崩，地可裂，有些人却永远不倒的。

大殿又倒塌了一角，瓦砾尘土纷飞，梁上的燕子早已飞了出去。

傅红雪却还是动也不动地站着！

外面不但有那柄足以令神怒鬼怨的天王斩鬼刀在等着他，还不知有多少令人无法预测的杀机！

他忽然冷笑。

"苗斩鬼，你的刀是把好刀，你的人却是个鼠辈，你为什么不敢和我正面相对，决一死战，却只敢在背后弄鬼？"

刀光消失，大殿外却有人也在冷笑："只要你不死，到后院来见我。"

这斩鬼的天王笑声竟如鬼哭，一字字接着道："我一定等着你！"

02

"我一定等着你。"

同样的一句话，同样的六个字，从不同的人嘴里说出来，就有了完全不同的意义！

此时此刻，傅红雪竟忽然想起了那个戴着茉莉花的女人，想起了她倒在地上，那种充满了痛苦、悲伤和绝望的眼色。

她也是人。无论什么样的人，都不会自己愿意受那种污辱的。

她这一生，岂非永远都像是处于一所摇摇欲倒的屋子里，前面无路可进，后面也无路可退，只有等着瓦砾尘土压下来，压在她身上。

傅红雪的手紧握，忽然开始向外走，他走得很慢，走路的姿态看来还是那么痛苦丑恶。可是他既然开始往外走了，就绝不会停下来。

门户已倒塌。飞扬的尘土，遮住了他的眼睛，他从断木瓦砾间慢慢地走了过去。

又是天崩地裂般一声震动,大殿的中央已塌落了下来。

瓦砾碎木,急箭般打在他背后。

他没有回头,他甚至连眼睛都没有眨一眨。这不但要有惊人的镇定之力,还得要有绝对处变不惊的勇气!就因为他能镇定,就因为他有勇气,所以他避开了第一次杀机。

他刚刚一脚跨出大殿的门槛,外面就至少有五十件暗器闪电般打了过来。

如果他吃惊回头,如果他精神崩溃,他就要倒下去。

像这座雄伟的殿堂一样倒下去。

——勇气和信心,就是人的柱子,支持着人类长存。

——只要这两根柱子不断,人类就永远不会灭亡!

暗器刚刚被击落,就有两道寒光惊虹般交剪飞来,是一柄剑、一把钩!

傅红雪的刀已出鞘,刀光斜削,他的人已蹿出。

他不敢停止回头,他不知道那里还有多少致命的埋伏。

院子里的铜鼎犹在,他瘦削的身子就像是标枪般飞出,落在铜鼎后。

一阵风吹来,他觉得冷如刀割,割在他肩头,低下头,才发现肩上已被割破条四寸长的伤口。那一剑一钩来势之迅急凶险,若非身历其境,绝对没有人能想象。

他肩上在流血,刀锋也在流血。刀锋上的血是谁的?

那把钩,当然是公孙屠的鹰喙,剑却绝不是杨无忌的松纹古剑。

这柄剑远比杨无忌更快、更准、更可怕,何况杨无忌握剑的手已被砍断了。

傅红雪肩上的伤是剑伤,他的刀伤了谁?

大殿几乎已完全倒塌,他转身去看时,已看不见人影。

一击不中,全身而退!这不但是星宿海的规矩,也是老江湖们遵守不渝的原则!

可是那把天王斩鬼刀为什么不再出现了呢?他第一击腰斩奔马,第二击摧毁了大殿,他为什么不向傅红雪出手?他是不是真的会在后院等着傅红雪?

03

后院中清雅幽静,却还是看不见人影,一片青翠的桑木林中,有人曼声轻歌,歌曲温柔委婉,令人黯然魂销。

林中有三间明轩,门窗都是敞开着的。

走进树林,就可以看见一个天神般的巨人,箕踞在临窗的一张胡床上,披头乱发,用一根金带束住,身上披着件绣金的坎肩,腰下却系着条虎皮战裙,一双豹眼炯炯有光,一身古铜色的皮肤也在闪闪生光,看来就像是太古洪荒时开天辟地的巨人,又像是波斯神话中不败的战神。

四个轻衫高髻的女人,环伺在他的身旁:一个手捧金杯,坐在他膝上,一个为他梳头,一个在为他脱靴,还有一个正远远地坐在窗下,曼声低唱。

她们正是那天和鬼外婆同乘一辆板车而来的,她们虽然都已不再年轻,却别有一种成熟的妇人风韵。

——若不是成熟的妇人,又怎么能承受这健壮的巨人?

屋角燃着一炉香,矮几上摆着一柄刀,刀柄长一尺三寸,刀锋长七尺九寸,华丽的鲨鱼皮刀鞘上,缀满了耀眼的珠宝。

这柄刀就是天王斩鬼刀?这个人就是苗天王?

傅红雪踏着落叶,慢慢地走过去。

他已看见了这个人;他的脸上虽然还是完全没有表情,可是全身每一根神经都已绷紧。

力能摧殿堂、腰斩奔马的刀,本只有在神话中才能寻找,可是现在却偏偏已在他眼前出现了。

窗下轻歌的女人,只回眸看了他一眼,歌声依然如旧,听来却更凄凉。

手捧金杯的女人忽然叹息一声,道:"好好的一个人,为什么偏要来送死。"

梳头的女人冷冷道:"因为他就算活着,一定也不好过!"

脱靴的女人却吃吃地笑了起来,道:"我喜欢看杀人。"

梳头的女人道:"杀这个人却未必好看。"

脱靴的女人道:"为什么?"

梳头的女人道:"看他的脸色,这个人可能连一点血都没有。"

手捧金杯的女人道:"就算有,也一定是冰的。"

脱靴的女人还在笑:"冷的血总比没有血好,我只希望他有一点血就够了,我一向都是个很容易满足的女人。"

傅红雪已走到窗口,停下来,她们说的话,他好像连一个字都没听见。

他真的连一个字都没听见。

因为他所有的精神力量,都已集中在这天神般的巨人身上。

他忽然问:"苗天王?"

苗天王已伸出了巨大的手掌,握住了摆在矮几上的那柄刀。

傅红雪道:"这就是天王斩鬼刀?"

苗天王冷冷道:"有时斩鬼,有时杀人。只要刀一出鞘,无论是人是鬼,都必将死在刀下。"

傅红雪道:"很好。"

苗天王豹眼中露出了惊讶之色:"很好?"

傅红雪道:"你的刀已在手,我的人已在刀下,这难道还不好?"

苗天王笑了:"很好,的确很好。"

傅红雪道:"只可惜我还没有死。"

苗天王道:"生死本是一瞬间的事,我不急,你急什么?"

傅红雪闭了嘴。

刀柄上缠着紫绸,就像是血已凝结时那种颜色。

苗天王的手轻抚刀柄,悠然道:"你是不是在等着我拔刀?"

傅红雪点点头。

苗天王道:"江湖传言,都说你的刀是柄天下无双的快刀!"

傅红雪不否认。

苗天王道:"你为什么不先拔刀?"

傅红雪道:"因为我要看看你的刀。"

——我若先拔刀,你的刀只怕就永远无机会出鞘了。

这句话他虽然没有说出来,可是他的意思已很明显。

苗天王忽然大笑,霍然站起,膝上的女人立刻滚下了胡床。

他站着时身高九尺开外,腰粗不可抱,更显得威风凛凛。

也只有他这样的人,才配用这样的刀。

傅红雪站在他面前,就好像雄狮面前一条黑色豹子。

雄狮虽然威风可怕,豹子却绝不退缩。

苗天王笑声不绝,道:"你一定要让我先拔刀?"

傅红雪点点头。

苗天王道:"你不后悔?"

傅红雪冷笑。

就在这时,一道厉电般的刀光,已凌空向他急冲了下来!

苗天王的手还握着刀柄，刀锋还留在那镶满珠玉的皮鞘里。他没有拔刀！刀光是从傅红雪身后飞出的，就像是晴空中忽然打下一道霹雳闪电。傅红雪已全神贯注在面前这个巨人身上，怎么想得到刀光竟会从身后劈下。

窗下轻歌的女人，歌声虽仍未停，却已悄悄地闭上眼睛。

她看过这一闪刀光的威力——刀光过处，血肉横飞。

她已看过太多次，已不忍再看！她显然并不是真的喜欢看杀人。

可是这一闪刀光劈下时，并没有横飞血肉。

傅红雪的身子忽然斜斜飞出，恰巧从刀光边缘掠过，他的刀也已出鞘，反手一刀，向后掠出。

他已算准了部位，这一刀削出，正在后面拿刀的这个人下腹双膝之间，他的计算从未错误。他的刀从来没有失手过！

可是他一刀削出，也没有看见血，只听见"咻"一声响，那不是骨头斩断的声音，却像是竹木拗断声。

九尺长的天王斩鬼刀一刀斩空，刀尖点地，惊虹般飞了出去，惊虹般的刀光中，仿佛有条短小的人影，带着凄厉的笑声飞入桑林！

笑声和人影都不见了，地上却多了两截被削断了的木棍。

——难道这就是那个人的两条腿？

——难道那个人是踩着高跷来的？

傅红雪转过身，刀已入鞘。

天神般的巨人已倒了下去，倒在胡床上，刚才的威风和神气已全都不见了，这不败的战神，难道竟只不过是个纸扎的傀儡？

傅红雪盯着他，道："那个人是谁？"

巨人道："苗天王，他才是真的苗天王。"

傅红雪道："你呢？"

巨人道："我只不过是他的傀儡，摆出来做样子给别人看的傀儡，就像是这把刀。"

他拔出了他的刀。

缀满珠玉的华丽刀鞘中，装着的竟是把涂着银粉的木刀，这实在是件很荒谬的事，只有疯了才会做出这种事。

傅红雪忍不住问道："他究竟是个什么样的人？为什么要做这种事？"

巨人垂下头。

捧着金杯的女人不停地往杯中倒酒，自己倒，自己喝。

窗下的女人歌声忽然停顿，大声道："他们不敢告诉你，我告诉你。"

她的歌声清悦优美，可是，现在说话的声音却已因悲愤而嘶哑："他根本不是个男人，却拼命幻想自己是个能同时让四个老婆满足的大丈夫，他只有三尺八寸，却拼命幻想自己是个天神般的巨人，他做这种事，只因为他根本就是疯子。"

捧着金杯的女人忽然拍手大笑："好，骂得好，骂得好极了。"

她在笑,可是她的脸也已因痛苦而扭曲:"你为什么不索性让这个姓傅的看看,我们那伟大的丈夫是怎么满足我们的?"

脱靴的女人忽然撕开了衣襟,雪白的胸膛上到处都是鞭笞的痕迹。

"他就是这么满足我们的!"她的笑比哭更凄凉,"我一向是个很容易满足的女人,我简直满足得要命。"

傅红雪默默地转过身,默默地走了出去。他不忍再看,也不忍再听。

他忽然又想起了那个戴着茉莉花的女孩子,她们都是一样的,一样被摧残,被蹂躏。

在男人们的眼中,她们都是不要脸的女人。

——她们不要脸,是不是只因为她们在忍受着男人的蹂躏?

——无论多疯狂的蹂躏,都不能不忍受,因为她们根本不能反抗,也无处逃避,这难道就是不要脸?就是无耻?

女人们在呼喊:"你为什么不救救我们?为什么不带我们走?"

傅红雪没有回头。

他并不是不想救她们,可是他完全无能为力,她们的问题,本就是任何人都无法解决的。

——这世上只要有那些"很要脸"的男人存在,就一定会有她们这些"不要脸"的女人。

这才是根本的问题,这问题才是永远无法解决的。

傅红雪没有回头,只因为他几乎又忍不住要呕吐。他知道唯一解救她们的法子,并不是带她们走,只有杀了苗天王,她们才能真正得到解脱。

地上有新近断落的枝叶,是被刀锋削断的,是天王斩鬼刀的刀锋。

他沿着这些痕迹追了上去。

苗天王也许早已走远了,他追的并不是苗天王这个人,而是一个目标。他知道自己只要还有一口气在,就永远不会放弃这个目标的!

现在他已明白,燕南飞为什么一定要杀公子羽。

他们要杀的并不是某一个人,而是这个人所代表的那种罪恶和暴力。

穿过桑林,走出后院,一个人正站在大殿的瓦砾间,看着他痴痴地笑。

"连千年的古刹都已倒塌了,你为什么还没有死?你还等什么?"

他月白的僧衣上墨汁淋漓,手里却拈着朵刚开放的鲜花。

一朵新鲜纯洁的小花。

一朵小小的黄花。

——山麓下一栋小屋有竹篱柴扉,还有几丛黄花。

——那是个小女孩种的,一个眼睛大大,辫子长长的小女孩。

傅红雪的心沉了下去，瞳孔突然收缩，握刀的手也握得更紧。

"这朵花是从哪里来的？"

"人是从来处来的，花当然也是从来处来的！"

疯和尚还在痴痴地笑，忽然将手里的花抛给了傅红雪。

"你先看看这朵花是什么花。"

"我看不出。"

"这是朵伤心别离花。"

"世上哪里有这种？"傅红雪拈花的手冰冷。

"有的，这世上既然有人伤心，有人别离，怎么会没有伤心别离花？"

疯和尚已不再笑，眼睛里充满了一种无法形容的哀伤："这世上既然有伤心别离花，沾着它的人当然就难免要伤心别离。"

傅红雪用两根手指拈着花枝，他的手没有动，这里也没有风。

可是花瓣却忽然一片片飘落，花枝也枯了。

这双手本是他拔刀的手，这双手的力量，足以摧毁一切生命。

疯和尚的哀伤更浓："花从来处来，已往去处去。人呢？为何还不回去？"

傅红雪道："回到哪里去？"

疯和尚道："从哪里来的，就该回到哪里去，现在回去，也许还来得及。"

傅红雪道:"来得及做什么?"

疯和尚道:"你要做什么,我怎么知道?"

傅红雪道:"你究竟是什么人?"

疯和尚道:"我只不过是个疯和尚,只不过偶然拾起了一朵小花而已!"

他忽然挥手,大喝道:"去,快去做你的事,莫来烦和尚,和尚要清静。"

和尚已坐下,跌坐在瓦砾间,转眼就已入定。

古刹的殿堂虽然已毁了,他心里的殿堂还是完好无恙的,那就像是蜗牛的壳,风雨来临时,他立刻就可以躲进去。

他是不是能看得出现在风雨已将来临?

04

夕阳满天,没有风雨。风雨在人们的心里,在傅红雪的心里。

——这朵黄花是不是从竹篱上摘来的?为什么要叫作伤心别离花?

——谁伤心?谁别离?

傅红雪不能问,不敢问,就算问也一定问不出来。

想知道这答案只有一个法子。

他用尽全力赶回去。

——现在回去,只怕还来得及。

可是他赶回去时,已来不及了。

竹篱下的黄花已完全不见,连一朵都没有剩下来,人也已不见了。

桌上还剩着三样小菜、一锅粥、两副碗筷,粥还是温的!

床单上孩子的尿也还没有干透。

人呢?

"卓玉贞,杜十七!"

傅红雪放声大呼,没有回应。

——是卓玉贞背弃了他?还是杜十七出卖了他们?

傅红雪仰首向天,问天,天不应;问星,星无语;问明月,明月早已沉寂。他要到什么地方才能找到他们?到什么地方才能躲过这一场风雨?

夜色深沉,黑暗中突然传来"笃、笃、笃"几声响,忽然有一道闪电亮起!

不是闪电,是刀光。刀光闪动中,隐约可以看见一条比树梢还高的人影。

人影与刀光同时飞来,竟是个畸形的侏儒,踩着根一丈长的竹竿,手里挥舞着一柄九尺长的刀。

天王斩鬼刀。

刀光一闪,斩破竹篱,急斩傅红雪的头颅。

傅红雪退出八尺。

刀光又一斩,屋檐碎裂,天王斩鬼刀的威力,如雷霆霹雳,横刀再斩傅红雪,眨眼间已斩下了七刀。

傅红雪再退。他只有退,因为他既不能招架,也无法反击,他一定要凌空掠起一丈,他的刀才能接触到竹竿上的苗天王。可是他整个人都已在天王斩鬼刀的威力笼罩下。

苗天王双手握刀,一刀接着一刀,根本不给他喘息的机会!

只不过就真的是雷霆霹雳,也有间歇的时候,就真的是天将战神,力量也会用竭。

傅红雪一连避开了七七四十九刀,身子突然从刀光中蹿起。

他的刀也已出鞘。

天王斩鬼刀太长,一寸长一寸强,可是刀锋只能及远,等到对方抢攻进来时,就无法自救。

他看出了苗天王这一点致命的弱点,他的刀已攻入了苗天王的心脏。

谁知就在这时,苗天王脚下踩着的两根竹竿突然断成了十余节!

他的人忽然凌空落了下去,天王斩鬼刀也已撒手,却反手抽出了另一柄刀。

一柄寒光四射的短刀,跟着身子下落之势,急划傅红雪的胸腹。

傅红雪这必胜的一招,反而造成了自己致命的破绽。

——虎豹蹿起扑人时,有经验的猎人往往会闪入它们的腹中,举刀划破它们的胸腹。

傅红雪现在的情况就像是一条已凌空蹿起的虎豹,猎人的刀已到了他的腹下。

他甚至已可感觉到，冰冷的刀锋已划破了他的衣服。

苗天王也已算准了他绝对避不开这一刀。这不是天王斩鬼刀，却是杀人的刀。

他全身的力量都已集中在这柄刀上，但是他的力量却忽然消失了，所有的力量都消失了，就像是皮囊中的气忽然一下子被抽空。他的刀明明可以刺入傅红雪的胸腹，却偏偏无力刺下去。

这是怎么回事？他想不通，死也想不通！

他看见了血，却不是傅红雪的血，血是从哪里来的？他也想不通！

直到这时，他才忽然感觉到咽喉上有一阵无法形容的寒意，就好像咽喉已被割开了。

可是他不信。

他绝不相信刚才那刀光一闪，就已割破了他的咽喉，他死也不相信世上会有这么快的刀。

他甚至连看都没有看见这柄刀。

傅红雪也倒了下去，倒在竹篱下，天地间又恢复了原来的和平与静寂。

他忽然觉得说不出的疲倦。刚才的事，虽然在一瞬间就已过去，可是就在这一瞬间，他所有的力量都似已用尽了。

——生与死的距离，本就在一线之间。

直到现在，他才能完全明白这句话的意思，刚才他距离死亡实在已太近，这一战只是他平生未遇的恶战。

群星满天，血已干了，苗天王的血，不是他的!

可是他仿佛也有种血已流干的感觉，现在苗天王若是还能挥刀，他一定无法抵抗。

他甚至觉得就算有个孩子提着把锈刀来，也同样可以杀了他。

幸好死人不能挥刀，如此深夜，这幽僻的山区也不会有人来。

他闭上眼睛，希望能小睡片刻，有了清醒的头脑，才能行动思想。

谁知这时却偏偏有人来了。

05

黑暗中忽然传来了一阵脚步声，缓慢而稳定的脚步声中，仿佛带着种奇异的韵律。

只有一个对自己所做的事觉得很有把握的人，走路时才会带着这种韵律。

这个人是谁？他为什么来的？来做什么？

傅红雪静静地听着，心里忽然也有了种奇异的感觉!

这脚步声的韵律，竟和那深山古刹中的钟声完全一样。

那是丧钟。

这脚步声的韵律中，竟仿佛也充满了杀机。

读客文化将出版以下古龙经典作品

《小李飞刀：多情剑客无情剑》

《小李飞刀2：边城浪子》

《小李飞刀3：九月鹰飞》

《小李飞刀4：天涯·明月·刀》

《陆小凤传奇：金鹏王朝》

《陆小凤传奇2：绣花大盗》

《陆小凤传奇3：决战前后》

《陆小凤传奇4：银钩赌坊》

《陆小凤传奇5：幽灵山庄》

《陆小凤传奇6：凤舞九天》

《陆小凤传奇7：剑神一笑》

《楚留香新传：借尸还魂》

《楚留香新传2：蝙蝠传奇》

《楚留香新传3：桃花传奇》

《楚留香新传4：新月传奇·午夜兰花》

《七种武器：长生剑·孔雀翎》

《七种武器2：碧玉刀·多情环》

《七种武器3：离别钩·霸王枪》

《七种武器4：愤怒的小马·七杀手》

《萧十一郎》

《火并萧十一郎》
《绝代双骄》
《欢乐英雄》
《三少爷的剑》
《流星·蝴蝶·剑》
《武林外史》
《白玉老虎》
《圆月弯刀》
《大人物》
《绝不低头》
《碧血洗银枪》
《彩环曲》
《苍穹神剑》
《大地飞鹰》
《风铃中的刀声》
《护花铃》
《剑毒梅香》
《剑客行》
《猎鹰·赌局》
《名剑风流》
《飘香剑雨》
《七星龙王》
《失魂引》
《血鹦鹉》
《英雄无泪》
《游侠录》
《月异星邪》

激发个人成长

多年以来,千千万万有经验的读者,都会定期查看熊猫君家的最新书目,挑选满足自己成长需求的新书。

读客图书以"激发个人成长"为使命,在以下三个方面为您精选优质图书:

1. 精神成长
熊猫君家精彩绝伦的小说文库和人文类图书,帮助你成为永远充满梦想、勇气和爱的人!

2. 知识结构成长
熊猫君家的历史类、社科类图书,帮助你了解从宇宙诞生、文明演变直至今日世界之形成的方方面面。

3. 工作技能成长
熊猫君家的经管类、家教类图书,指引你更好地工作、更有效率地生活,减少人生中的烦恼。

每一本读客图书都轻松好读,精彩绝伦,充满无穷阅读乐趣!

认准读客熊猫

读客所有图书,在书脊、腰封、封底和前后勒口
都有"读客熊猫"标志。

两步帮你快速找到读客图书

1. 找读客熊猫

2. 找黑白格子

马上扫二维码,关注**"熊猫君"**
和千万读者一起成长吧!